この本を手にとってくださった皆様へ

　本書は、2011年に発行した『この1冊あれば安心! バッグ作りの超基本』の増補改訂版です。元本は、私の著作の中ではじめてバッグだけをテーマに絞った本で、好評をいただき何度も版を重ねました。バッグ作りの初心者に向けて、素材の選び方、やさしく作れる方法、使い勝手をよくするデザインなど、あれこれ考えながらいくつも試作品を作り、試行錯誤した結果、多くの方から「私にも作れました」という報告だけでなく「バッグ作りの楽しさを実感した」という声をいただいたのは、たいへんうれしいことでした。

　今回、元本のアイテムは減らさず、さらに数点プラスしました。どれも私が暮らしの中で便利に使えるとひらめいたものばかり。例えば、財布を持たないキャッシュレスな生活で身軽に出かけられる小さなショルダーバッグや、ペットボトルが入る大きめのポケットを外側につけたサイドポケット・トートバッグ、ごちゃごちゃしがちなリュックサックの中をすっきり整理できるバッグインリュックなどなど。人の暮らしの進化に合わせて、バッグも進化して暮らしに寄り添うものでありたいと思っています。

　今後もこの本を長く手元において、バッグが作りたいと思い立ったときに、いつでも参考にしていただきたいと願っております。

クライ・ムキ

Contents

作り始める前に読む、バッグ作りの超基本…4
本書の「作り方」ページの見方…11
ソーイング基礎用語…11

Simple Bag
シンプルバッグ　12
作り方ページ　13

Eco Bag
エコバッグ　15
作り方ページ　16

Side Pocket Tote Bag / **Bag in Bag**
サイドポケット・トートバッグ　バッグインバッグ　18
作り方ページ　サイドポケット・トートバッグ…19、バッグインバッグ…21

Lesson Bag
レッスンバッグ＆シューズケース　22
作り方ページ　23

Lunch Bag
お弁当袋　26
作り方ページ　A…28、B…29、C…30

Azuma-Bukuro
あずま袋　33
作り方ページ　34

Marché Bag
マルシェバッグ　36
作り方ページ　37

Granny Bag
グラニーバッグ　40
作り方ページ　41

Wallet Bag +Pouch
ウォレットバッグ＋カードケースつきポーチ　44
作り方ページ　45

Baneguchi Bag
バネロバッグ　48
作り方ページ　ポーチ…49、ショルダーバッグ…51

本書の実物大型紙にはスケールが入っています。電子書籍でごらんになる場合、このスケールを参照してください。

実物大スケール

トートバッグ　52
作り方ページ　53

がま口　56
作り方ページ　コインケース、グラスケース…58、パーティーバッグ…62

リュックサック　64
作り方ページ　65

バッグインリュック　70
作り方ページ　70

2wayバッグ　72
作り方ページ　73

メッセンジャーバッグ　75
作り方ページ　76

サイコロバッグ　79
作り方ページ　80

だ円底トートバッグ　82
作り方ページ　83

ビッグバッグ　86
作り方ページ　87

ドラム形バッグ　92
作り方ページ　バッグ…93、ポーチ…95

作り始める前に読む、バッグ作りの超基本

ここでは、どのような用具が必要で、どんな作業をするのか、また、ぬい始めるまでの作業の流れなどを説明します。作り始める前に、まずはここで確認しておきましょう。

1 用具をそろえます

まず、必要な用具をそろえましょう。また、バッグによっては必要になる用具や、あると作業が楽になる便利グッズも紹介します。

●必要な基本の用具

ミシン
直線ぬいとジグザグぬいができるものを使う。押さえの強さ調節ができ、厚地がぬえるものがよい。また、フットコントローラーがついているものがぬいやすい。★

ミシン糸、ミシン針
ミシン専用の糸と針（p.8「8 ぬい始めます」参照）。

手ぬい糸、手ぬい針
返し口をとじたり、まつるときに使う。布地に合った太さと色を選ぶ。

まち針
型紙を布地にとめたり、布地をぬい合わせるときに使う。

方眼定規
型紙を作るときに使う。方眼線がついているので、ぬいしろ線を平行に描くことができる。★

目打ち
ぬい目をほどいたり、ミシンで布地のきわをぬうときに布地を押さえたりして使う。

紙
型紙を作るときに使う。型紙を製図から作る場合には方眼用紙が描きやすい。実物大型紙を写すときには、ハトロン紙やトレーシングペーパーなどの薄紙を使うと写しやすい。

ピンクッション
ぬい針やまち針を刺しておくもの。針山。写真はマグネット式のピンプレート。針を刺す手間がいらず、作業しやすい。

裁ちばさみ
布地を裁断するための専用のはさみ。長さ21〜23cmのものが使いやすい。切れ味のよいものを選ぶ。裁ちばさみで紙を切ると刃が傷むので、クラフトばさみと使い分ける。★

ゴムひも通し
きんちゃくなどのひもやゴムを通すときに使う。★

チャコペン
布地に印を描くときに使う。水などで消せるタイプのものがよい。

アイロン定規
三つ折りぬいなどの際、この定規を折り山に合わせてアイロンをかけると、ぬいしろ幅を確認しながらきれいに布地を折ることができる（p.9「9 必要な位置の布端を折ります」参照）。★

アイロン、アイロン台
ぬいしろを折ったり、割ったり、布地に接着芯をはるときなどに使う。作業のたびにこまめに使うと仕上がりがきれいなので、常に用意しておくとよい。

カッター、クラフトばさみ
型紙を切るときに使う。

糸切りばさみ
小さなはさみ。糸を切るときなどに便利。

●あると便利なもの

ロータリーカッター
布地を裁断するときに使う。裁ちばさみよりも正確でスピーディーに裁断できる（p.7「あると便利!」参照）。★

カッティングボード
カッターで型紙を切るときや、ロータリーカッターで布地を裁断するときに下に敷いて使う。

パターンスケール
0.5cm単位の平行線が引いてあり、型紙にぬいしろをつけるときに便利。カーブ部分を使うと曲線が描きやすい。★

ソーイングクリップ
まち針の代わりに布地をはさんでとめるクリップ。布地を合わせてぬう際に使うと、まち針より楽。まち針が打ちにくい厚手の布地や、針跡がつくためまち針が使えないラミネート加工の布地や合成皮革にもおすすめ（p.54「あると便利!」参照）。★

マスキングテープ
型紙を描くときに紙を固定したり、ミシンの針板にはってまっすぐぬうためのガイドとして使う。紙製なので接着力が弱く、紙や布地を傷めることが少ない。

2 布地を選びます

ウエアの布地とは違った素材が楽しめるのはバッグ作りの大きな魅力。ここでは本書で使用した布地を紹介します。初心者は普通地から始め、合成皮革やラミネート加工地は慣れてから挑戦を。

合成皮革（合皮）
天然皮革に似せて樹脂などで加工した布地。強度が高く、高級感があるが、ぬい間違えると針の跡が残るので注意が必要（p.10「特殊素材の扱い方ポイント」参照）。

コットン
綿100％の天然素材。色や柄が豊富にある最もぬいやすい素材。普通地はブロード、オックスフォード、中厚地はツイル、厚地は8号帆布やデニムなどを使用。

ラミネート加工地
透明なフィルムをコーティングした布地。表面にはっ水性や防汚性があり、布端がほつれないので始末も不要。ただしミシンでぬう際にはコツが必要（p.10「特殊素材の扱い方ポイント」参照）。

リネン
麻100％の天然素材。手ざわりはコットンにくらべてかためで、清涼感がある。シワになりやすいが、麻特有のシャリ感のある風合いが楽しめる。

ナイロン
軽くて丈夫な合成繊維。本書ではエコバッグなどに使用されることが多い薄手タイプを使用。ミシン針は9番の薄地用を使うとぬいやすい。

ウール
毛100％の天然素材。保温性が高く、中厚地や厚地なら見た目にも温かみを感じるため、秋冬のバッグにおすすめ。

フェイクファー
毛皮を模して合成繊維で作った布地。長い毛足をなるべく切らないように裁断するなど注意が必要（p.10「特殊素材の扱い方ポイント」参照）。

キルト
表地と裏地のあいだにキルト綿をはさんでステッチをほどこした布地。厚みがあって丈夫。大きなバッグなら、軽いナイロンのものがおすすめ。

ニット地
伸縮性がある素材。本書ではp.64のリュックサック〈小〉でスウェット地を使用。裁断後、ぬう位置に「伸び止めテープ」をはって伸びるのを防ぐ（p.10「特殊素材の扱い方ポイント」参照）。

3 型紙を作ります

作り方の製図を参照して型紙を作ります。布地に直接線を描かず、型紙を必ず作りましょう。そうすることで表袋布と裏袋布で同じものを裁断するときにも、裁ち間違えることがありません。

●製図から型紙を作る場合

1. 型紙用の紙（方眼紙など）にでき上がり線を描く。各作品の製図を参照して直線を描き、方眼定規を使って垂直に線を描いて、型紙を描く。カーブ線は、コンパスを使って描いてもよい。

2. ぬいしろ線を描き足す。方眼定規を使い、**1**の線の外側に裁ち図にある幅どおりに線を描く。
※指定の幅どおりに正確に描くことが肝心！

3. 必要な印などを描く。型紙にパーツの名称や布目線、合印などを描く。

4. 型紙を切る。ぬいしろ線に沿って定規をあてて、カッターで型紙を切り取る。

5. 切り取ったところ。

あると便利！ マスキングテープ

紙が動かないように、重しを四方におくのが一般的だが、マスキングテープで紙を机などにはるのもおすすめ。

●実物大型紙を写す場合

1. 実物大型紙の上に薄紙（ハトロン紙など）を重ねて、マスキングテープで四方を固定する。

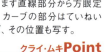

2. でき上がり線を写す。まず直線部分から方眼定規を使って鉛筆で写す。カーブの部分はていねいになぞる。ノッチがあれば、その位置も写す。

3. ぬいしろ線を描き足す。**2**の線に沿って方眼定規を重ねて指定の幅で描く。写真はパターンスケール（p.4「あると便利なもの」参照）を使用。

4. ぬいしろ線に沿ってカッターで切る。「わ」と書かれた破線がある場合は、「わ」が中央にくるよう紙を配置して線を写し、「わ」から二つ折りにして切ってから、紙を開き、左右対称の型紙を作る。

クライ・ムキPoint
布地は「わ」にせずに裁つほうが正確

布地を二つ折りにし、折り山に、半分の型紙の「わ」（破線部分）をのせて裁断するのが一般的ですが、布地の厚みによっては正確に裁断できないことがあります。型紙を下のように広げて布におくと、サイズどおり正確に裁断できるのでおすすめです。

4 布目をととのえます

布目とは縦糸と横糸の織り目のこと。布目を垂直にすることで、でき上がったバッグの型くずれを防ぐことができます。布目はぬう前に下記のようにととのえておきましょう。

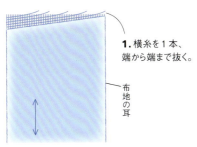

1. 横糸を1本、端から端まで抜く。
布地の耳

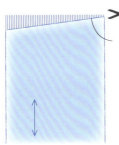

2. 横糸の線に沿って縦糸を切る。

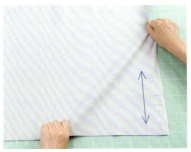

3. 縦糸と横糸が垂直になるように布地を斜め方向に引っぱる。カッティングボードなどのます目を目安にするとよい。

5 布地を裁断します

作り方の裁ち方図を参照して型紙を布地に配置し、裁ちばさみを使って布を裁っていきます。柄合わせの必要がある場合は、p.76のPoint Lessonを参照。

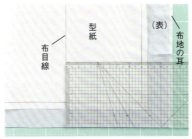

1. 布地の表を上にして広げ、布地の耳と型紙の布目線が平行になるように型紙を重ねる。

2. 型紙が動かないよう、まち針でとめる。

3. 型紙の端を押さえながら、型紙どおりに布地を裁断する。このとき、はさみの下側を机にあて、布が浮かないようにするときれいに切れる。

あると便利!

ロータリーカッター
はさみと違って布地を浮かさないので、簡単で正確に裁断できる。机を傷つけないよう、必ずカッティングボードの上で使うこと。

6 印をつけます

ぬいしろに「ノッチ(切れ目)」を合印とし、一定の幅でぬい合わせるので、でき上がり線は布地に描かなくてもOK。作業の途中で必要なところには、チャコペンで印を描きます。

●ノッチを入れる

ノッチは、ぬい合わせる合印が必要な位置に入れる。位置は裁ち方図に指定してあるので、布地を重ねて、ずれないよう指定位置で、はさみの先を使って入れる。1cmのぬいしろなら0.3〜0.5cm程度、でき上がり線まで切らないように注意。

クライ・ムキPoint

ノッチを入れるとぐーんと時間短縮!

裁断しながら入れていくノッチは、チャコペーパーなどより印つけの時間が短縮できます。また、ノッチは作業途中で消えてしまうこともなく、表からも裏からも見えるので作業が楽になります。

●チャコペンで描く

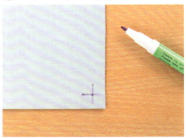

ポケットのつけ位置やぬい止まりの位置など、作業の途中で必要なところにチャコペンで印を描く。チャコペンは水などで消せるタイプのものを使う。

7 接着芯をはります

布地に張りをもたせたい場所には、裏側に接着芯をはります。接着芯は片面にのりがついており、アイロンの熱でのりを溶かして、しっかりと布地に密着させます。

接着芯は布地と同様に、必要なパーツの型紙どおり裁断します。服のシワを伸ばすようにアイロンをすべらせると、接着芯がよれてしまうのでNG。まず中央部分で、上から10秒ほど押さえます。接着芯が布地にしっかりとついたら、いったんはずしてアイロンの位置をずらして上から押さえます。これを繰り返し、はがれないよう全体的に接着させます。

接着芯(シャープ芯)

本書では、接着芯の一種のシャープ芯の「厚」と「中」を使用(p.96参照)。丈夫で張りがあるので、バッグに向いている。

アイロンペーパー

接着芯はのりのついている面(ざらざらした光る面)を布地の裏側にあて、中温のドライアイロンで押さえるように布にすき間なく接着させていく。冷めるまで布は動かさない。
アイロン台が接着芯ののりで汚れないよう、アイロンペーパー(またはオーブンシート)を敷くとよい。

8 ぬい始めます

さあ、いよいよぬい合わせます。まずはミシンの基本設定を行い、あわてずゆっくりぬいましょう。

ミシン針は、バッグの持ち手をぬいつけるときなどに布地が厚くなるので、普通地でも厚地用の14番を使用します。薄地(ナイロンなど)には9番が適しています。
ミシン糸は60番が一般的。ステッチなど目立たせたい場所には60番より太い30番がおすすめ。
まずは残り布で試しぬいをし、上糸と下糸の調子をととのえてからぬい始めましょう。

1. ぬい始めは始点から0.5cm手前に針を刺して2針ぬう。3、4針戻ってから前に進む。

2. ぬい終わり位置で3、4針戻り、もう一度ぬい終わりまでぬい、糸を切る。

クライ・ムキPoint

まっすぐぬえる裏わざを2つご紹介!

マグネット定規を使う方法

布地のぬい始める位置にミシン針を下ろし、布端に添うようにマグネットタイプの定規をおきます。布端を定規にあててぬうことで、まっすぐ同じ幅でぬえます。

あると便利!

マグネット定規
裏側にマグネットがついている定規。ミシンの鉄製の針板部分に、簡単につけられる。★

マスキングテープ

マスキングテープを使う方法

布地のぬい始める位置にミシン針を下ろし、布端に添うようにミシンにマスキングテープをはります(写真参照)。テープの端をガイドにして布端を添わせながらぬうと、簡単にまっすぐぬえます。

★はp.96参照

● 角のぬい方

角を正確にぬうと、表に返したときにきれいです。布地の方向を変えるときにはミシン針を刺したままで布を動かします。

クライ・ムキPoint
ぬい目をほどくには目打ちが便利!

通常、リッパーなどを使いますが、私は目打ちを使っています。
リッパーと違い目打ちは、布を誤って切ってしまうことがなく、布に残っているぬい糸をぬくのも簡単です。

1. ほどきたいぬい目に目打ちを刺し、そのまま強く押し入れて糸を切る。

2. 少しずつ間隔をあけて、同様に糸を切り、ぬい目をほどく。

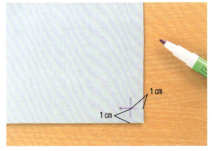

1. でき上がり位置にあたる角に、チャコペンで印をつける。こうしておくと、角が見えてミシンでぬいやすい。

2. 角の直前からゆっくりぬう。印の位置で針が下がったら針を布に刺したまま、押さえ金を上げて布の方向を変え、押さえ金を下ろして続けてぬう。

● とじる・まつる

返し口をとじるときには「コの字とじ」をし、p.40のグラニーバッグの持ち手は「まつりぬい」でつけました。

コの字とじ

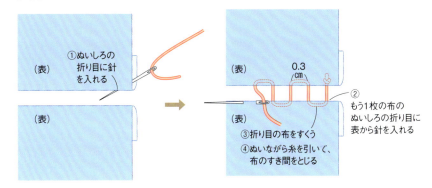

まつりぬい

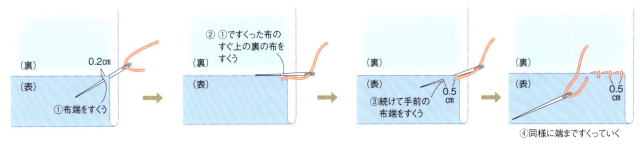

---

9 必要な位置の布端を折ります

ポケットまわりのぬいしろや、袋布の入れ口を折るときは、アイロン定規を使って布端を折ります。アイロン定規は、厚紙を代用して作ることもできます。

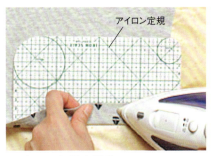

アイロン定規を使う

布地の裏側にアイロン定規をあて、折る寸法に布端を定規に合わせる。アイロンをかけて折り目をつける。

厚紙で定規を作る方法

厚紙に方眼定規で平行線を描く。1〜5cmまで0.5cm間隔で線を描いておくと便利。鉛筆または油性ペンで描く。

●特殊素材の扱い方ポイント

ニット地

伸縮性のあるニット地は、ぬっているあいだに布が伸びてしまいがち。布の裏側にぬいしろからぬう位置を覆うように伸び止めテープをはっておくと、伸ばさずにぬえます。

※わかりやすいように、黒の伸び止めテープを使用しているが、薄い色の布地には白を使用する。

あると便利！

伸び止めテープ
テープ状になっていて片面にのりがついており、アイロンの熱でのりを溶かして布に接着する。

ラミネート加工地・合成皮革

どちらも針を刺した跡が残るので、まち針は使わずにぬいます。仮どめをしたいときは、ソーイングクリップ（p.4参照）か、仮止め用ののり（写真参照）が便利。また、表からぬうと表地がすべらず、ミシンがかけにくいので、あらかじめ市販のシリコン剤（写真参照）を布に塗っておくとよいでしょう。裏からぬう場合には不要です。

フェイクファー

毛足をなるべく切らないように裁断するのがポイント。一般的な布地と同様に裁断すると、長い毛が散らばって始末がたいへんです。型紙を布の裏側に写して次の方法で裁断を。また、ぬい終わったら毛並みをととのえましょう。

1. 型紙を布の裏側におき、チャコペンで型紙のまわりをなぞる。

2. 裏側の土台布だけを切るように、はさみの先を少しずつ入れて切っていく。

3. ぬい終わったら、ぬい込まれた毛足を目打ちで引き出す。ぬい目のきわに目打ちを入れて毛足を引き出してととのえる。

クライ・ムキPoint

毛足の方向に注意して裁断を！

毛足には方向があります。袋布の上から下に毛並みが向かうように、同じ方向に型紙をおいて、裁断しましょう。

毛並みの方向

1. 布用ペンタイプのりを、ぬいしろを折る位置に塗る。

あると便利！

布用ペンタイプのり（仮止め用）
布地の仮どめに使うソーイング専用ののり。ペンタイプで塗りやすく、塗った部分は青くなるが、乾くと透明になって目立たない。のりの上からでもぬいやすい（p.96参照）。

2. ソーイングクリップではさみ、**1**で塗ったのりを乾かす。

3. ぬう位置の上下面にソーイング用シリコン剤を塗ってからぬう。

あると便利！

ソーイング用シリコン剤
すべりの悪い布地に塗るとすべりがよくなり、ミシンでぬいやすくなる。ミシン針や押さえ金に塗ることもできる（p.96参照）。

本書の「作り方」ページの見方

実際の作業は作り方ページを見ながら進めます。まず材料欄を見て必要なものを用意し、裁ち方図を見て型紙を作って布地を裁断し、イラストの手順を見ながら作業します。作り方ページの見方を、ここで確認しておきましょう。

材料
作品作りに必要な材料を表記。布地は布目をととのえる必要があるため、余裕をもって記載している。柄合わせが必要な布地の場合には、表記よりさらに多めに用意する。ミシン、手ぬい糸など基本的に必要な用具（p.4参照）は記載していないので、布に合わせて用意する。

製図
裁ち方図に「※製図参照」と描かれたパーツは、製図の寸法をもとに型紙を作る。製図内のカーブはコンパスを使って描くか、p.97の実物大型紙を写して描く。3サイズのものは上から順に小、中、大と表記し、2サイズのものは上から順に小、大と表記。

Point Lesson
ポイントとなる作り方を写真で解説。

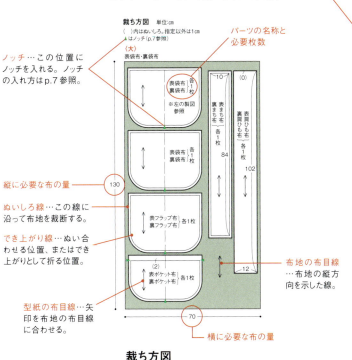

- **ノッチ**…この位置にノッチを入れる。ノッチの入れ方はp.7参照。
- **パーツの名称と必要枚数**
- **縦に必要な布の量**
- **ぬいしろ線**…この線に沿って布地を裁断する。
- **でき上がり線**…ぬい合わせる位置、またはでき上がりとして折る位置。
- **型紙の布目線**…矢印を布地の布目線に合わせる。
- **布地の布目線**…布地の縦方向を示した線。
- **横に必要な布の量**

裁ち方図
布地におく型紙の配置図。図中の寸法を参照して型紙を作り、指定のぬいしろをつける。図中の型紙の配置を参照して、布地に型紙をおいて裁断する。柄合わせが必要なら、柄に合わせて配置する。

クライ・ムキPoint
作り方のコツをクローズアップして紹介。

ソーイング基礎用語

あき止まり
バッグのわきにあるスリット部分を、ぬわずにあけておく位置。

1枚仕立て
袋布1枚で仕立てること。裏袋が不要な分、布地の必要量が少なくてすむ。

裏つき仕立て
表袋の中に裏袋を入れて、二重にして仕立てること。強度を高め、布端の始末がいらない。

裏袋
バッグの表袋の内側に入れる別の袋。「裏つき仕立て」で作るときに必要。

表袋
バッグの表側の袋。裏つき仕立てで裏袋があるときに、こう呼び分ける。

返し口
裏側からぬった袋布を、表側に返すためにぬい残す部分のこと。

キルト芯
化繊綿がシート状になったもの。ふっくらとした厚みを出すために、布地と布地のあいだに入れる。

しつけをかける
ミシンできれいにぬうために、しつけ糸を使って仮どめすること。ミシンぬいをしたあと、表から見えるしつけ糸はぬく。

外表にぬう
2枚の布地を、表側を外側に合わせてぬうこと。

ダーツ
立体的にするために布地をつまんでぬうこと。

中表にぬう
2枚の布地を、表側を内側に合わせてぬうこと。

まち
バッグの厚みになる側面の部分。

三つ折りにしてぬう
ぬいしろを2回折り、布端を内側にしてぬうこと。アイロンで三つ折り線をつけておくとぬいやすい。

ぬいしろを割る
ぬい終わったあとで、ぬいしろをぬい目からアイロンで両側に開くこと。

ぬいしろを倒す
ぬい終わったあとで、ぬいしろをぬい目からアイロンで指定の方向に折ること。

わ
布地を二つ折りにしたときの折り目。

Simple Bag

直線にぬって簡単にできる
シンプルバッグ

直線ぬいだけでできる、バッグの基本形です。バッグを作るなら、これから始めてみましょう。型紙も直線だけで描けるので、自分の作りたいサイズへのアレンジも楽にできます。作り方ページのPoint Lessonでは、2種類のまちのつけ方を紹介。まちをつけると収納力がぐんとアップします。

■作り方ページ **13**

シンプルバッグ Simple Bag

材料
〈小〉布…コットン（ボーダー）80×40cm
〈大〉布…コットン（ストライプ）100×50cm

裁ち方図　単位:cm
（　）内はぬいしろ。指定以外は1cm
▼はノッチ（p.7参照）
〈小〉〈大〉

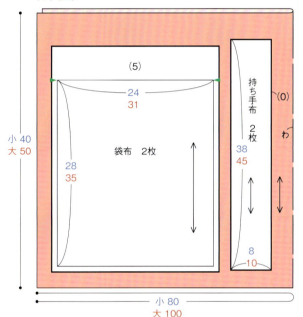

作り方　〈小〉〈大〉共通

1. 持ち手を作る

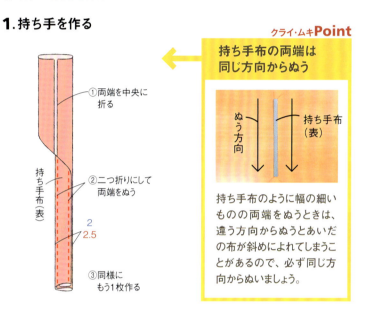

クライ・ムキPoint
持ち手布の両端は同じ方向からぬう

持ち手布のように幅の細いものの両端をぬうときは、違う方向からぬうとあいだの布が斜めによれてしまうことがあるので、必ず同じ方向からぬいましょう。

2. 袋布にジグザグミシンをかけ、持ち手をつける

3. わきと底をぬう

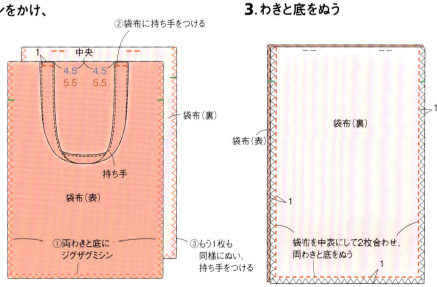

4. 入れ口をぬって、完成

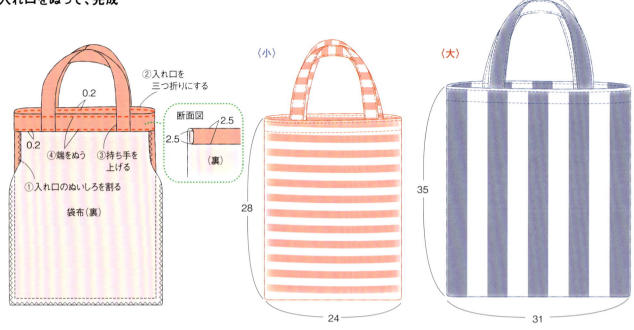

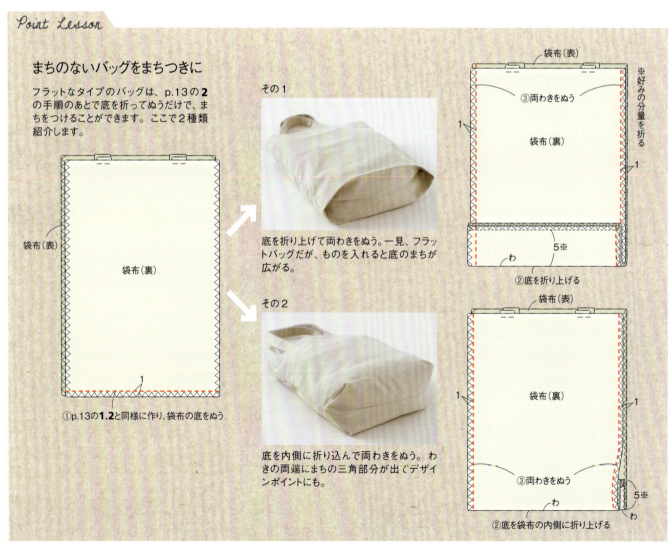

Eco Bag

折りたたんでコンパクトに収納
エコバッグ

便利なエコバッグは、外出時の必需品。大きさは3タイプですが、持ち手の長さは持ちやすさを考えてあまり差をつけずに作り、折りたためば内ポケットにコンパクトに収納できるようにしました。軽くて丈夫な薄地のナイロンはエコバッグにおすすめの素材。コットンなどと同様にぬえるので、初心者でも簡単です。

■作り方ページ **16**

たたみ方

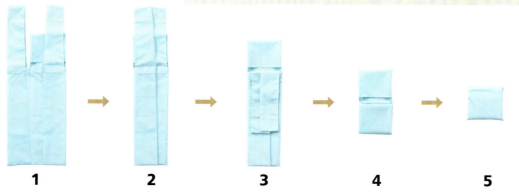

1 内ポケットを外側に出し、袋の片側を、折り山が内ポケットの端に合うように折る

2 もう一方も同様に折る

3 持ち手を下側へ折る

4 袋を四つ折りにする

5 4を内ポケットに入れる

エコバッグ Eco Bag

写真ページ 15

材料

〈小〉布…ナイロン（無地）80×120cm
〈中〉布…ナイロン（無地）90×120cm
〈大〉布…ナイロン（プリント）100×120cm

クライ・ムキPoint

薄手のナイロンは9番のミシン針で

ナイロンは薄手なら、一般的な布地と同様にミシンぬいすることができます。針は薄地用の9番を使うと針穴が目立たず、きれいにぬえます。

作り方 〈小〉〈中〉〈大〉共通

1. ポケットを作る

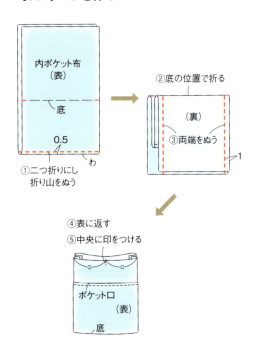

2. 持ち手を作る

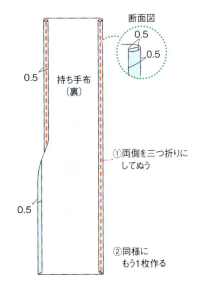

裁ち方図 単位:cm

（ ）内はぬいしろ。指定以外は1cm
▼はノッチ(p.7参照)

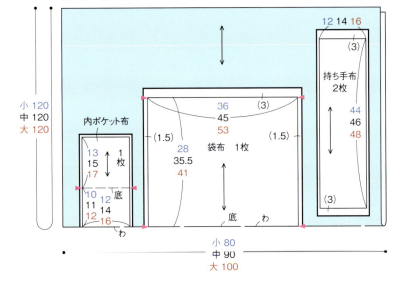

3. 袋布にポケットと持ち手をつける

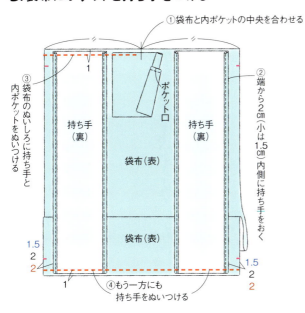

4. 入れ口の始末をする

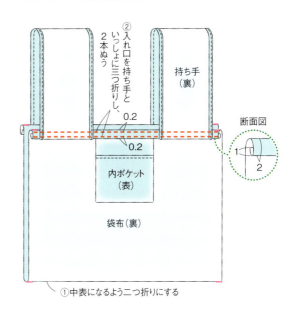

5. 袋布のわきをぬう

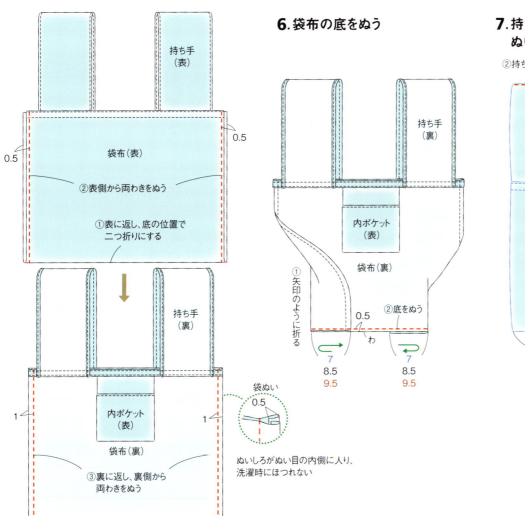

6. 袋布の底をぬう

7. 持ち手の中央をぬいとめて完成

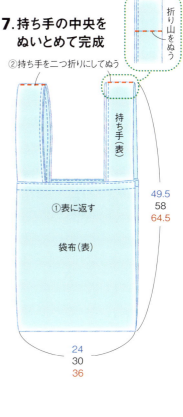

Side Pocket Tote Bag

Bag in Bag

縦タイプ、横タイプが選べる

サイドポケット・トートバッグ

大きめのサイドポケットは、折りたたみ傘やペットボトルがさっととり出せて便利。また、バッグの中で迷子になりがちなパスケースやハンカチなどもあれこれ入ります。**A**の縦タイプ、**B**の横タイプともにA4サイズの書類が入ります。

■ 作り方ページ **19**

ポケットですっきり収納

バッグインバッグ

Aの縦タイプの左右幅に合わせて作りました。もちろん**B**にも入ります。3つのポケットと、短い辺にはスマートフォンが収納できるホルダーをつけました。

■ 作り方ページ **21**

サイドポケット・トートバッグ Side Pocket Tote Bag

材料

〈A〉縦型
布…帆布　110×90cm
その他…幅3cmの綿テープ110cm、幅2cmのグログランテープ290cm

〈B〉横型
布…キルティング地　110×110cm
その他…幅2cmのグログランテープ280cm

※作り方はp.20から

〈A〉
裁ち方図　単位:cm
（　）内はぬいしろ。指定以外は1cm
▼はノッチ（p.7参照）

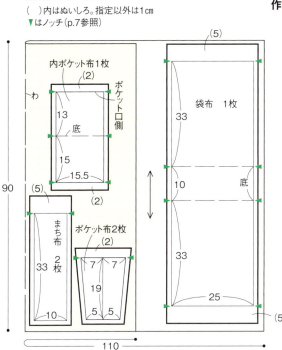

作り方

1. ポケットをまちにつける

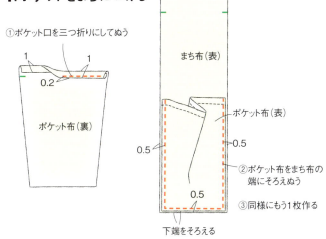

2. 袋布にまちをつける

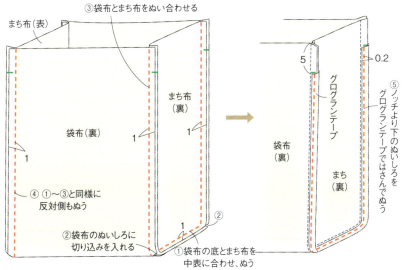

3. 入れ口に持ち手をつける

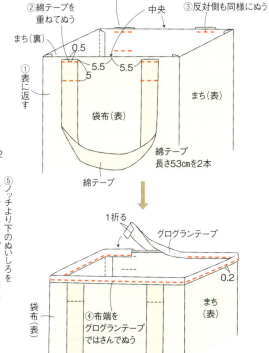

次のページに続く→

4. 内ポケットを作って袋口にはさんでぬい、完成

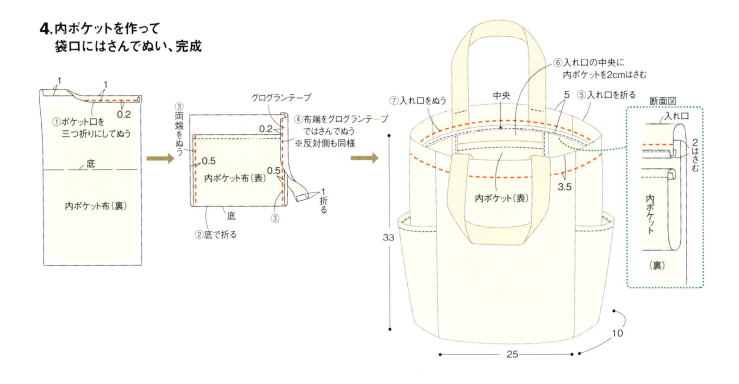

〈B〉
裁ち方図　単位:cm

( )内はぬいしろ。指定以外は1cm
▼はノッチ(p.7参照)

作り方

1. 持ち手を作る

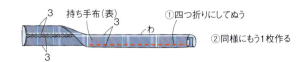

2. 〈A〉と同様に作る
（p.19の**1**〜p.20の**4**参照）
※ただし、**3**では上図の持ち手をつける

※布を裁ったあと、すべての布端に
ジグザグミシンをかけておく(p.23「クライ・ムキPoint」参照)

バッグインバッグ

材料
布…帆布（無地）110×40cm
その他…幅2cmのグログランテープ 150cm

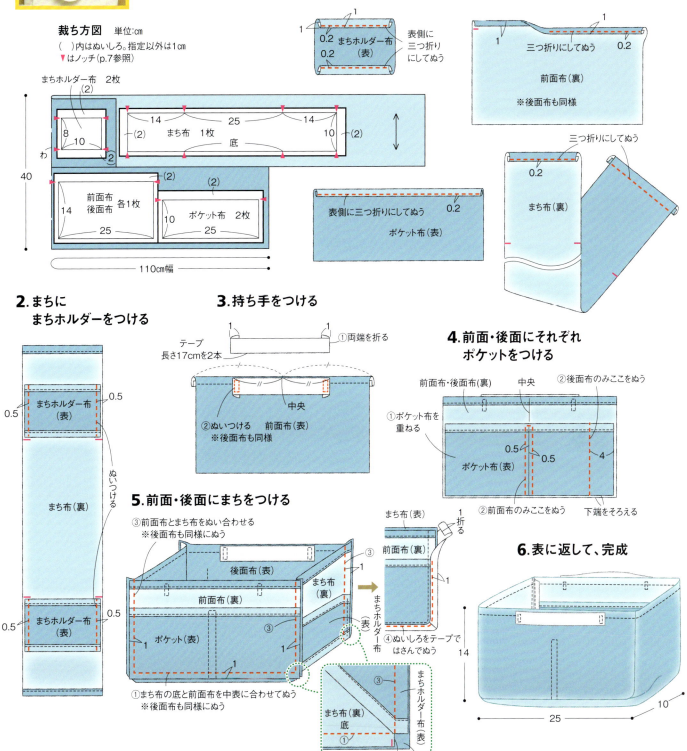

Lesson Bag

通園、通学には欠かせない
レッスンバッグ＆シューズケース

入園、入学時の必須アイテムです。レッスンバッグは、八つ切りサイズのスケッチブックが入る使いやすい大きさに。**A**は厚みのあるキルトを使って「1枚仕立て」にし、**B**は普通地のコットンに裏袋をつけた「裏つき仕立て」にしました。シンプルな布地なら、レースやワッペンなどで子どもが自分のバッグを見分けやすい工夫をプラスしましょう。

▶作り方ページ **23**

あいだに綿の入ったキルトは、1枚仕立てにでき、中に入れたもののクッションになるので子ども用にぴったり。

Bのバッグの裏側。裏袋をつけて2枚重ねにすると薄い布地でも強度が出るので、布選びの幅が広がります。

レッスンバッグ&シューズケース　Lesson Bag & Shoes Case

材料

⟨A⟩ 1枚仕立て
　布…コットンキルト（無地）100×100cm
　その他…幅1cmのレース120cm、幅4cmのレース50cm、
　幅2.5cm用のDカン1個

⟨B⟩ 裏つき仕立て
　布…[表袋布] コットン（プリント）100×75cm
　　　[裏袋布] コットン（無地）100×95cm
　その他…幅2.5cm用のDカン1個

作り方　※作り方はp.24から
レッスンバッグ

⟨A⟩1枚仕立て

裁ち方図　単位:cm
（　）内はぬいしろ。指定以外は1cm
▼はノッチ（p.7参照）

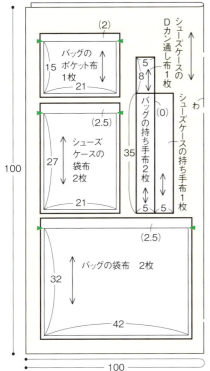

※布を裁ったあと、すべての布端にジグザグミシンをかけておく

クライ・ムキPoint
キルト地は裁ってすぐ布端を始末する
キルトのぬい目はほどけやすいので、裁断したらすぐ布端にジグザグミシンをかけてほつれを防ぎましょう。

1. ポケットを作り、つける

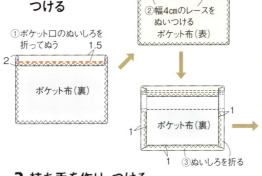

2. 持ち手を作り、つける

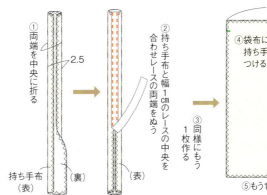
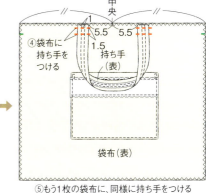

3. 袋布のわきと底をぬう

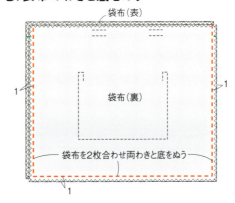

4. 入れ口をぬう

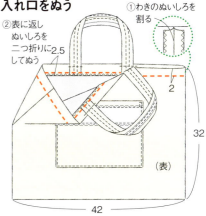

シューズケース
1. 持ち手とDカン通し布を作り、つける

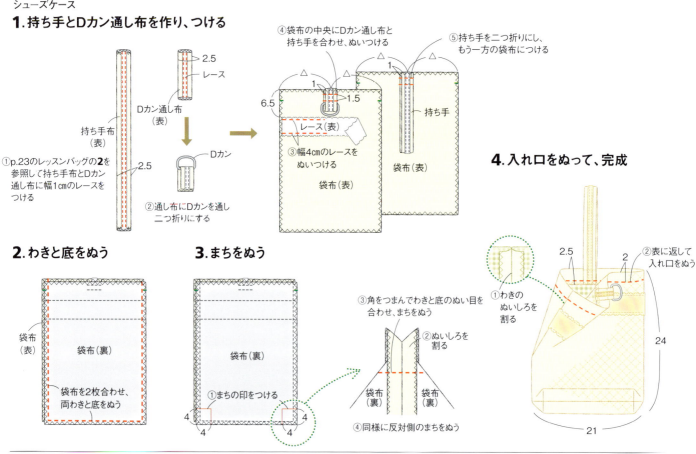

2. わきと底をぬう

3. まちをぬう

4. 入れ口をぬって、完成

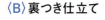

<B> 裏つき仕立て

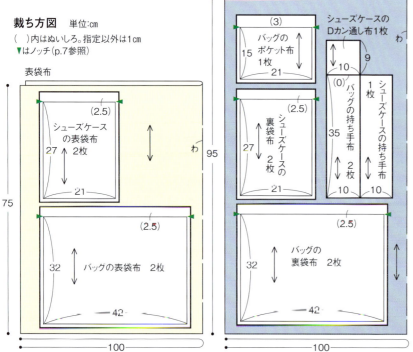

作り方　レッスンバッグ
1. ポケットを作り、つける

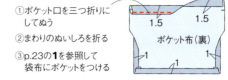

2. 持ち手を作り、つける

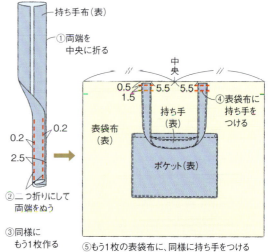

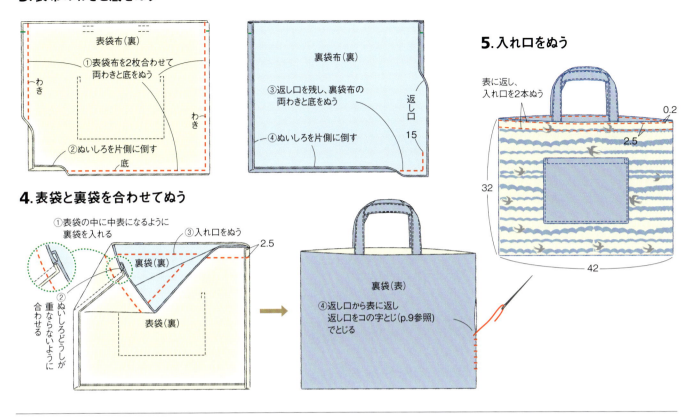

シューズケース

1. 持ち手とDカン通し布を作り、つける

2. 袋布のわきと底をぬう

3. 表袋と裏袋のまちをそれぞれぬう

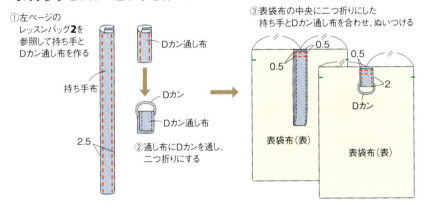

4. 表袋と裏袋を合わせてぬう

上図レッスンバッグの**4**を参照してぬい、返し口をとじる

5. 入れ口をぬって、完成

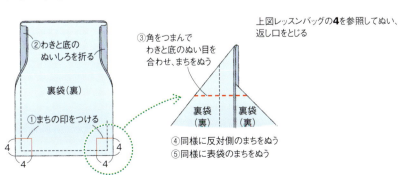
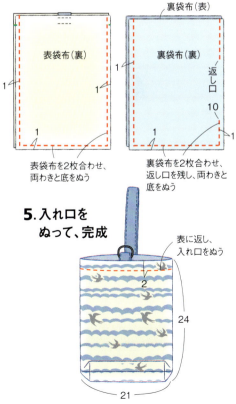

Lunch Bag

A

お弁当箱のサイズに合わせて作る
お弁当袋

ひんぱんな洗濯にも対応する丈夫なコットンは、お弁当袋におすすめの素材です。また、吸水性が高いので、裏袋をつけて二重にしておくと、おかずの汁がこぼれても外側まで染み出しづらいのも特長のひとつ。一般的なお弁当箱3タイプを想定して作りました。手持ちのお弁当箱に合わせて作りたい人には、作り方ページのPoint Lessonで、サイズに合わせて型紙を作る方法を紹介しています。

長方形で大きめのお弁当箱用。ふたに面ファスナーをつけたすっきりした形です（中に入れた弁当箱のサイズ12×18.5×6cm）。
■作り方ページ **28**

2段式のお弁当箱用。袋の上部に持ち手をつけ、バッグからお弁当箱をまっすぐ取り出せるようにしました（中に入れた弁当箱のサイズ6×20×9cm）。

▶作り方ページ **29**

キッズサイズのお弁当箱用は、きんちゃくタイプで簡単に開け閉めできるように。
コップ袋とセットです（中に入れた弁当箱のサイズ10×13×5cm）。

▶作り方ページ **30**

お弁当袋A　Lunch Bag

写真ページ 26

材料
布…[表袋布] コットン（チェック）60×40cm　[裏袋布] コットン（無地）60×40cm
その他…幅2.5cmの面ファスナー 5cm

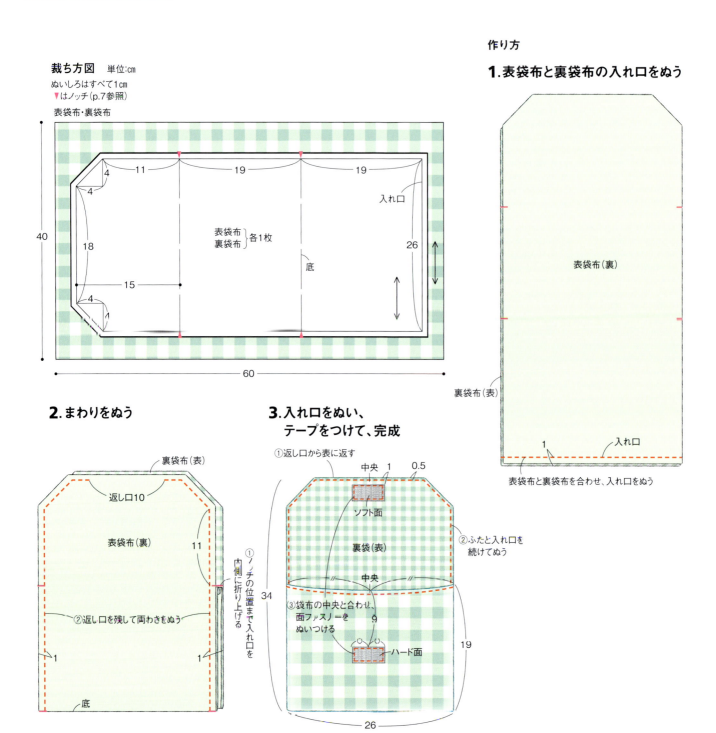

お弁当袋B Lunch Bag

写真ページ 27

材料
布…コットン（チェック）110×50cm

作り方

1. 持ち手を作る

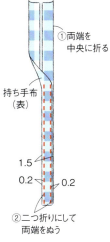

2. 袋布に持ち手をつける

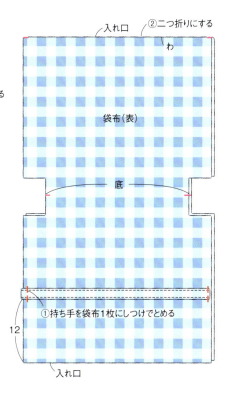

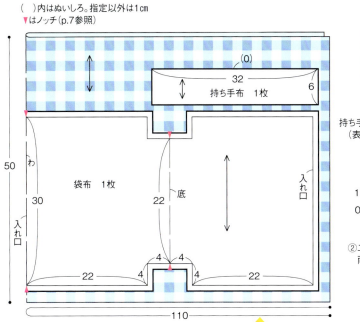

クライ・ムキPoint
1枚の型紙で裏つき仕立てに
入れ口の一方を「わ」に裁断することで、1枚の布地で、裏つき仕立てにできます。お弁当袋Aにも応用できます。

3. わきをぬい、まちをぬう

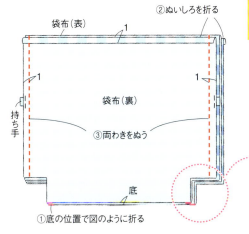

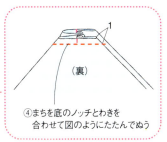

4. 表に返して入れ口をぬって、完成

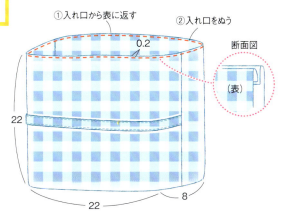

お弁当袋C ＋ コップ袋　Lunch Bag & Cup Case

写真ページ 27

材料

お弁当袋
布…コットン（チェック）60×55cm
その他…太さ0.5cmのロープ140cm、直径0.5cm程度の穴のループエンド2個

コップ袋
布…コットン（チェック）25×50cm
その他…太さ0.5cmのロープ50cm、直径0.5cm程度の穴のコードストッパー1個

裁ち方図　単位:cm
（　）内はぬいしろ。指定以外は1cm
▼はノッチ（p.7参照）

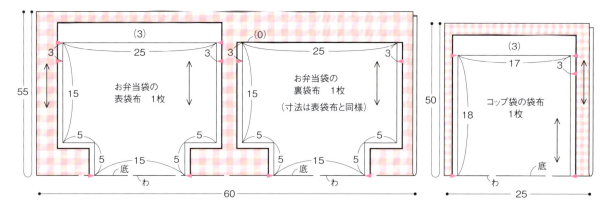

作り方

お弁当袋

1. 表袋布と裏袋布のわきをぬい、まちをぬう

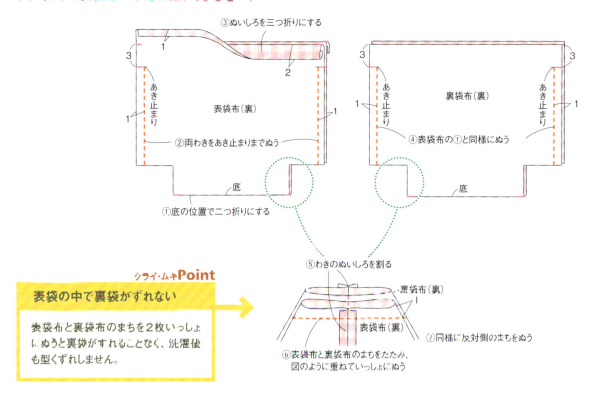

クライ・ム＋Point
表袋の中で裏袋がずれない

表袋布と裏袋布のまちを2枚いっしょにぬうと裏袋がずれることなく、洗濯後も型くずれしません。

2. ひも通し口をぬう

3. わきからひもを通す

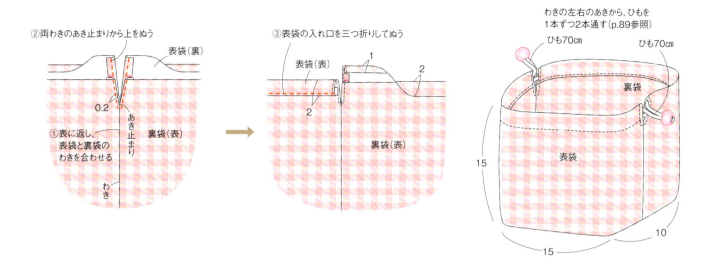

コップ袋

1. わきをぬい、まちをぬう

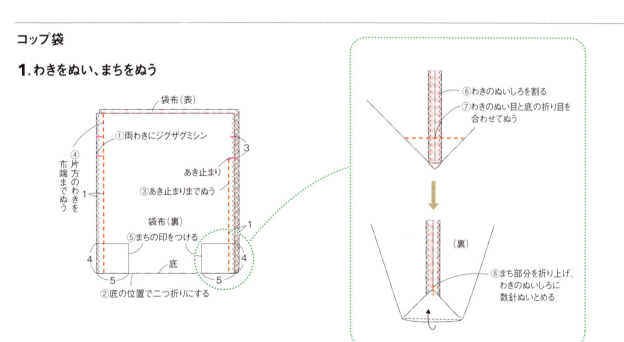

2. 入れ口の始末をする

3. ひもを通して、完成

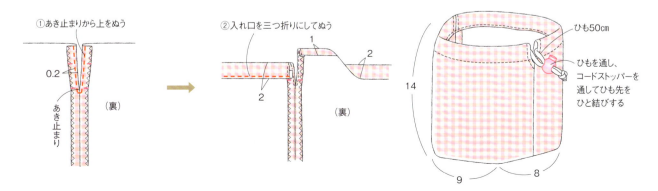

お弁当箱に合わせて型紙を作る

せっかく手作りするのなら、自分のお弁当箱サイズで作りたいものです。A、B、Cの3つのタイプから、
形の近いものを選び、お弁当箱のサイズを測って型紙を作りましょう。
※ a、b、c は実際のお弁当箱を測る。

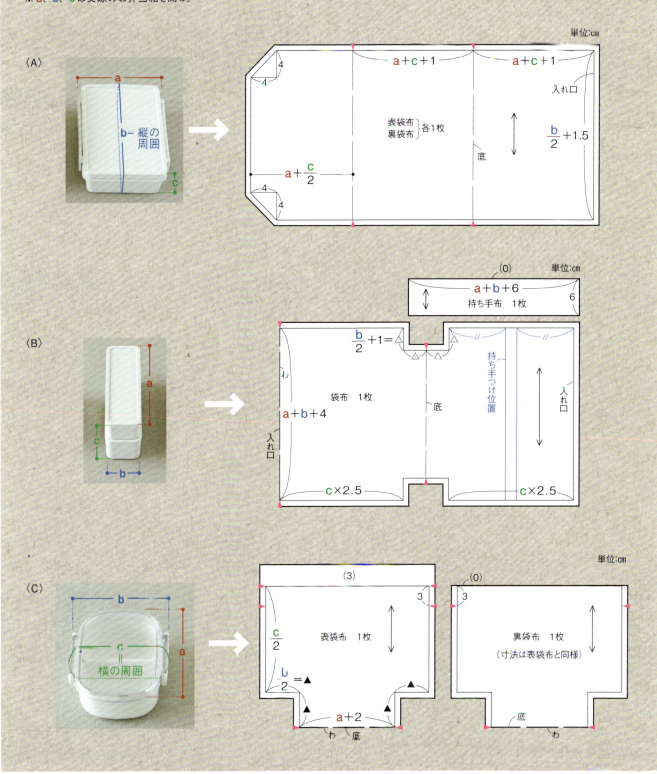

Azuma-Bukuro

ちょっとしたお出かけに便利

あずま袋

ふろしきや手ぬぐいを使って作られていた和テイストの袋。折りたたんで持ち歩くことができるので、1枚あると便利です。どちらもやわらかな手ざわりが魅力のダブルガーゼを使い、**A**はまちつきの「裏つき仕立て」、**B**はまちなしの「1枚仕立て」で作りました。このような小さな袋物なら、強度を気にせずに薄手の布地でもOK。**A**、**B**ともに同じ型紙で作れます。

作り方ページ **34**

あずま袋　Azuma-Bukuro

写真ページ **33**

材料

〈A〉まちあり裏つき仕立て
　　布…[表袋布]コットン（プリント）100×35cm　[裏袋布]コットン（無地）100×35cm

〈B〉まちなし1枚仕立て
　　布…コットン（無地）100×35cm

裁ち方図　単位:cm
ぬいしろはすべて1cm
▼はノッチ（p.7参照）

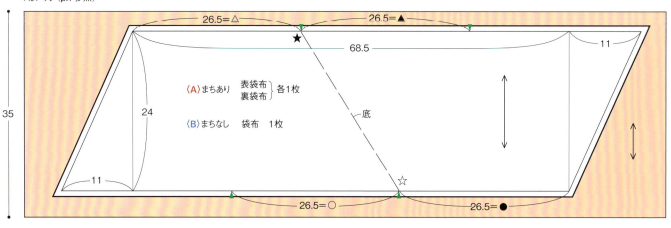

クライ・ムキ Point
型紙を工夫して使いやすく

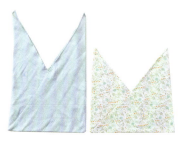

（左）下図の平行四辺形の型紙で作ったもの
（右）長方形の布地のままのもの

長方形の布で作られることが多いあずま袋。結んで使うと持ち手となる部分が短く使いづらく感じます。そこで持ち手が長くなるよう平行四辺形に型紙を工夫し、持ちやすいあずま袋にしました。

作り方
〈A〉まちあり裏つき仕立て

1. ○と●、△と▲をそれぞれ合わせてぬう

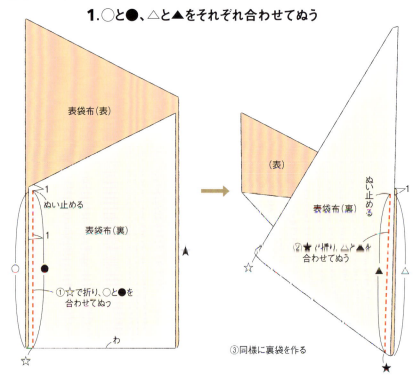

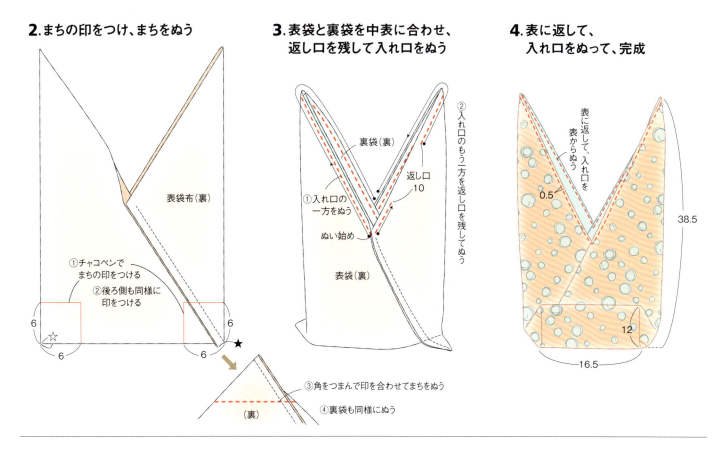

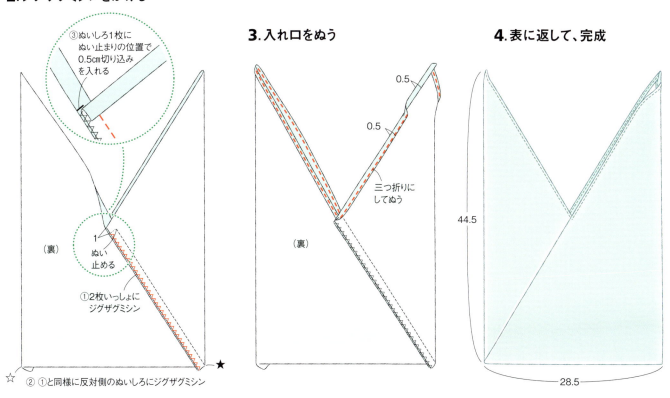

Marché Bag

小わきにかかえてお出かけ
マルシェバッグ

マルシェ(市場)に持っていくのに最適な、入れ口が広くて使いやすく、収納力があるバッグです。サイズを変えて、いくつも作りたい活躍度の高いアイテム。布地の裏全面に接着芯をはり、広い入れ口の形をきれいに出しました。裏袋が外から見えるので、表布と印象の違うプリントなどを使ってデザインのポイントにするのもおすすめです。

■作り方ページ **37**

マルシェバッグ　Marché Bag

材料

〈小〉布…[表袋布] コットン（無地）110×30cm　[裏袋布] コットン（チェック）110×30cm
　　　その他…接着芯（シャープ芯 中）110×30cm、幅1.5cmの革テープ長さ40cm2本、手ぬい糸
〈大〉布…[表袋布] コットン（チェック）110×60cm　[裏袋布] コットン（無地）110×60cm
　　　その他…接着芯（シャープ芯 中）110×60cm、長さ50cmの革の持ち手1組、手ぬい糸

裁ち方図　単位:cm

ぬいしろはすべて1cm
 はノッチ(p.7参照)

《袋布、底の型紙はp.39》

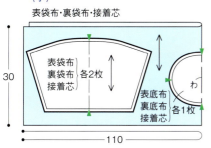

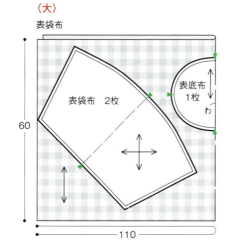

クライ・ムキ Point
バイアスで使うとチェックは新鮮

型紙の上下は布目に合わせるのが基本ですが、チェックならバイアスにおくことで、柄に動きが出て新鮮な印象に。無地やプリントなら裏袋布のように配置しましょう。

作り方　〈小〉〈大〉共通

1. 表袋布と表底布に接着芯をはる

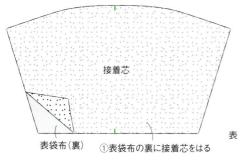
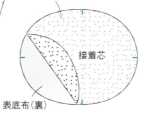

2. 表袋布と裏袋布のわきをぬう

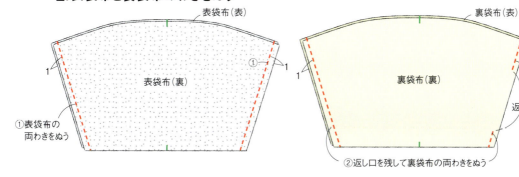

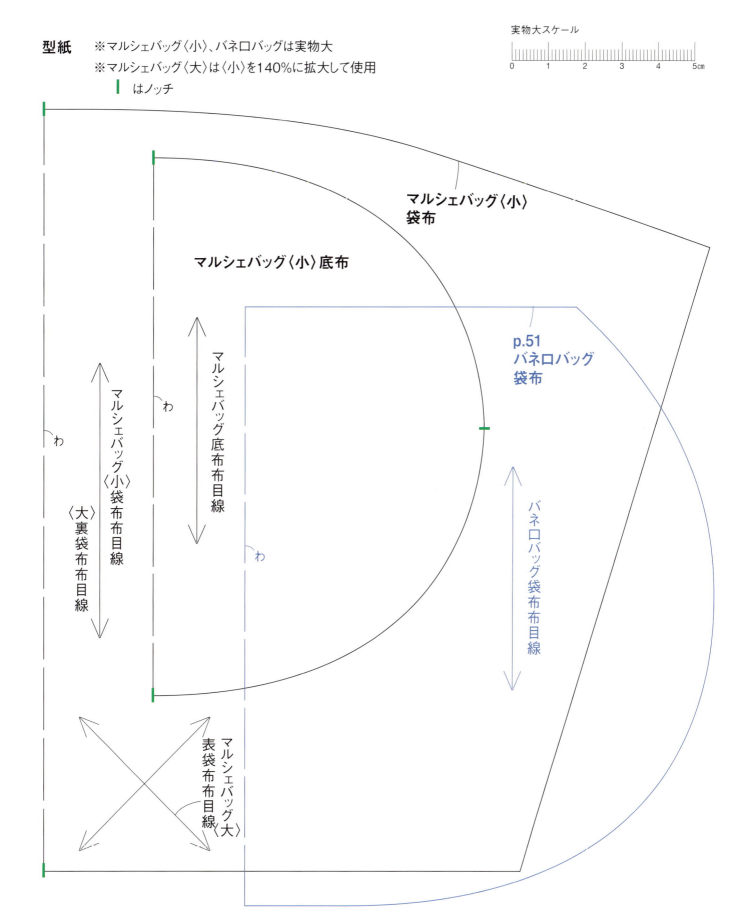

Granny Bag

ふんわりとしたフォルムがかわいい

グラニーバッグ

丸みを帯びた優しい形ですが、型紙は四角でできているので、布地の裁断は簡単です。持ち手の位置にたっぷりとギャザーを寄せ収納力をもたせました。**A**は張りのあるリネンでわきにもギャザーを寄せて、**B**はやわらかなウールでまちをつけて作りました。布地があまり厚いとギャザーを寄せにくいので、普通地から中厚地を選びましょう。

■作り方ページ **41**

Bのバッグの裏側。口が大きく開くので裏布の選び方もデザインのポイント。内側にポケットをつけると便利です。

グラニーバッグ Granny Bag

写真ページ **40**

材料

〈A〉 わきギャザーあり
布…[表袋布] リネン（織り柄）90×90cm　[裏袋布] コットン（無地）80×100cm
その他…内径13cmの丸形持ち手1組、太さ0.5cmのひも70cm

〈B〉 わきギャザーなし
布…[表袋布] ウール（プリント）100×50cm　[裏袋布] コットン（無地）100×60cm
その他…四角形持ち手1組　※サイズはp.43の **5** の図参照
※作り方はp.42から

作り方

1. 表袋布のわきと入れ口に折り目をつける

〈A〉
裁ち方図　単位:cm
（　）内はぬいしろ。指定以外は1cm
▼はノッチ（p.7参照）

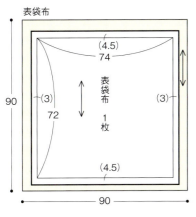

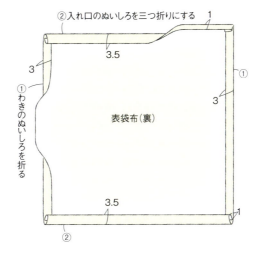

2. 裏袋布にポケットをつける

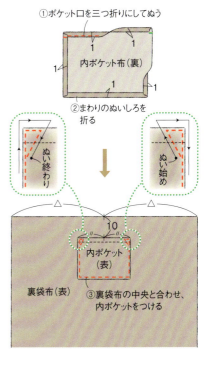

3. 表袋布と裏袋布のわきをぬう

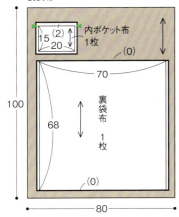

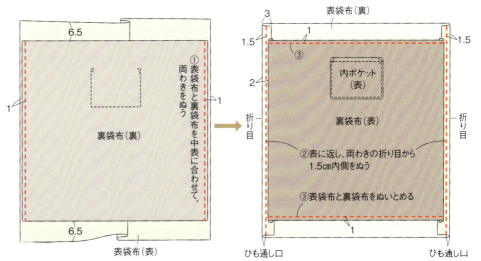

クライ・ムキPoint

表袋より裏袋を小さくして仕上がりをきれいに

わきのギャザーがもたつかないよう、裏袋のサイズを小さくしてギャザー部分を1枚仕立てにします。

次のページに続く→

4. わきにひもを通す

クライ・ムキ Point
わきのギャザーは ひもで寄せると長もちする

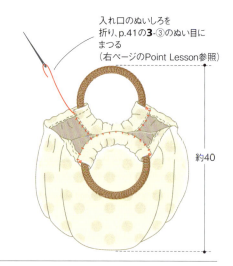

ギャザーはゴムで寄せるのが一般的ですが、時間がたつとゴムが伸びて、ギャザーの形がくずれてしまうことも。ひもを使えば伸びることはありません。手作りには、長く使うための工夫も大切です。

5. 持ち手をつけて、完成

入れ口のぬいしろを折り、p.41の**3**-③のぬい目にまつる（右ページのPoint Lesson参照）

約40

〈B〉

裁ち方図　単位:cm
（ ）内はぬいしろ。指定以外は1cm
▼はノッチ（p.7参照）

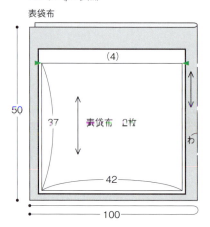

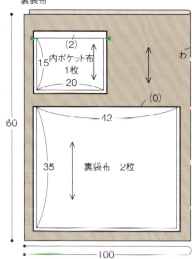

作り方

1. ポケットを作り、つける

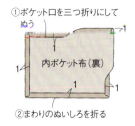

①ポケット口を三つ折りにしてぬう
②まわりのぬいしろを折る
③裏袋布の中央と合わせ、ポケットをつける

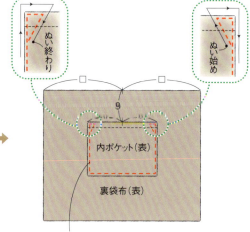

2. 表袋布と裏袋布のわき、底をぬい、まちの印をつける

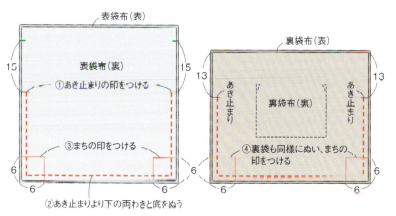

①あき止まりの印をつける
②あき止まりより下の両わきと底をぬう
③まちの印をつける
④裏袋も同様にぬい、まちの印をつける

3. 表袋と裏袋のまちをぬう

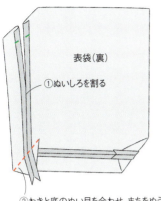

4. 表袋と裏袋を合わせてぬう

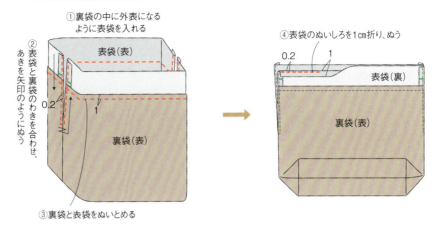

5. 持ち手をつけて、完成

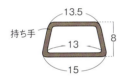

Point Lesson

持ち手のつけ方

ミシンぬいがむずかしい位置で持ち手をつける場合は、手ぬいでまつりぬいをします。その際、裏袋のミシン目をすくって、しっかりと手ぬい糸でまつることが大切。ここでつけ方をレッスンしましょう。ここではわかりやすいよう目立つ色の糸でぬっています。

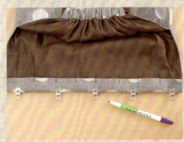

1. ぬい合わせる位置に合印を入れる。表袋は入れ口のぬいしろを折り、チャコペンで約5cm間隔の合印を表袋と裏袋に入れる。

2. 持ち手をくるみ、片端をぬう。ここは力が加わる位置なので、同じ場所を重ねて3回ほどぬっておく。

3. 1でつけた合印で合わせながら、0.5〜0.7cm間隔でミシン目をすくいながらまつりぬい(p.9参照)をしていく。ぬい終わりも2と同様に重ねてぬう。

4. まつり終わったところ。

Wallet Bag+Pouch

コンパクトに収納

ウォレットバッグ＋
カードケースつきポーチ

カードと携帯電話が入るコンパクトなウォレットバッグです。財布を持たないキャッシュレスな暮らしには、これさえあれば身軽に出かけられます。さらにウォレットバッグにすっぽり入るカードケースつきポーチもプラスしました。8枚のカードが入り、上段はレシートが入る大きめのポケットです。ファスナーつきなので、鍵やパスポートを入れるのにも便利。ぜひセットで作ってみてください。

■作り方ページ **45**

カードケースもバッグと同じ合成皮革を使った高級感のあるタイプ。

ナイロン地を使った、薄くてかさばらないタイプ。

ウォレットバッグ+カードケースつきポーチ　Wallet Bag+Pouch

写真ページ **44**

材料

〈A〉布…[表袋布] 合成皮革（無地）110×130㎝　[裏袋布] ナイロン（チェック）50×35㎝
　　その他…接着芯 4×4㎝ 2枚

〈B〉布…[表袋布] ファンシーツイード 55×50㎝　[裏袋布] ナイロン（無地）80×50㎝
　　その他…接着芯 75×35㎝

〈A〉〈B〉共通
　その他…ポリ芯 20×11㎝、直径1.8㎝のマグネットボタン1組、
　内径1.5㎝のDカン2個、内径1.5㎝のナスカン2個、
　長さ20㎝の片開き金属ファスナー1本

裁ち方図　単位:cm
( )内はぬいしろ。指定以外は1cm
▨は〈B〉のみ接着芯をはる

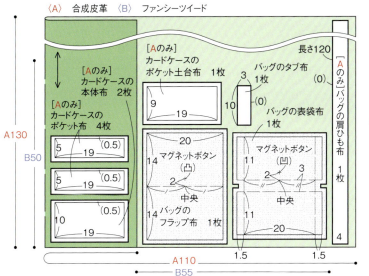

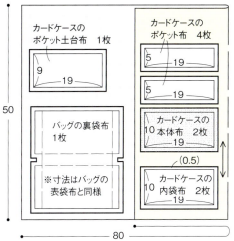

作り方　ウォレットバッグ

1. フラップと袋布にマグネットボタンをつける

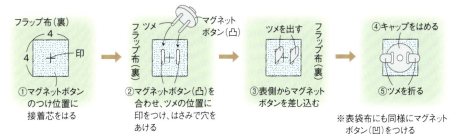

※表袋布にも同様にマグネットボタン（凹）をつける

2. フラップを作る

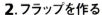

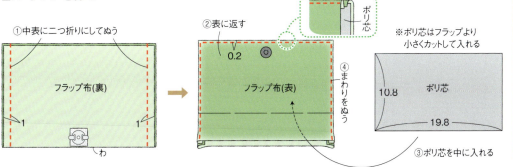

クライ・ムキPoint

シリコン剤をぬって合成皮革をぬいやすく

合成皮革の表面はミシンの押さえ金のすべりが悪く、ぬいづらいもの。ソーイング用シリコン剤（p.10参照）を布の表面に塗るとぬいやすくなります。

3. タブを作り、フラップにつける

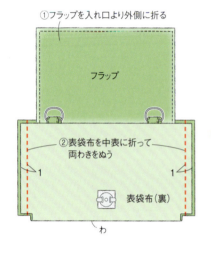

4. 表袋布にフラップをつける

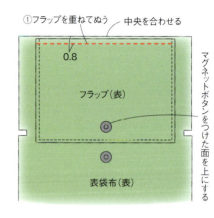

5. 表袋、裏袋を作る

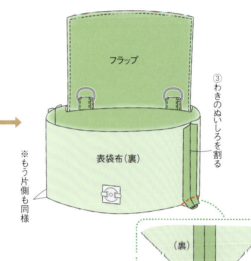

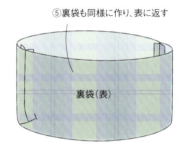

6. 表袋と裏袋をぬい合わせる

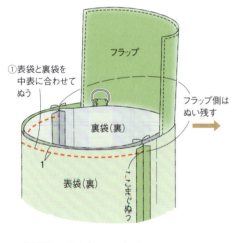

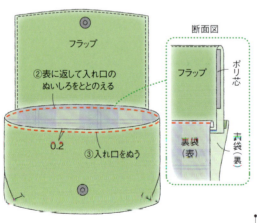

7. 肩ひもを作り、完成

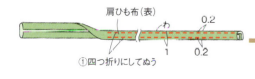

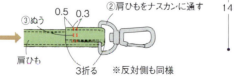

カードケース

1. ポケットを作り、本体につける

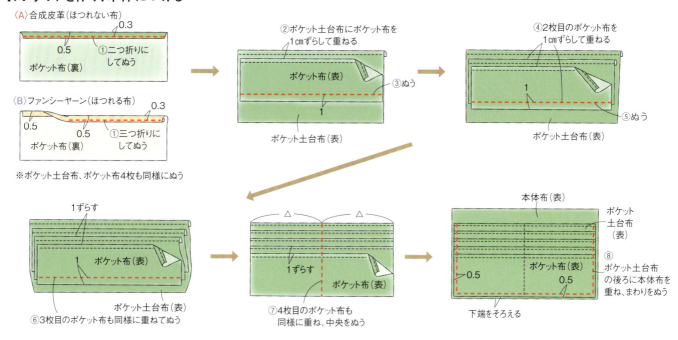

2. 内袋布と本体布にファスナーをつける

3. 内袋布と本体布のまわりをぬい、表に返して完成

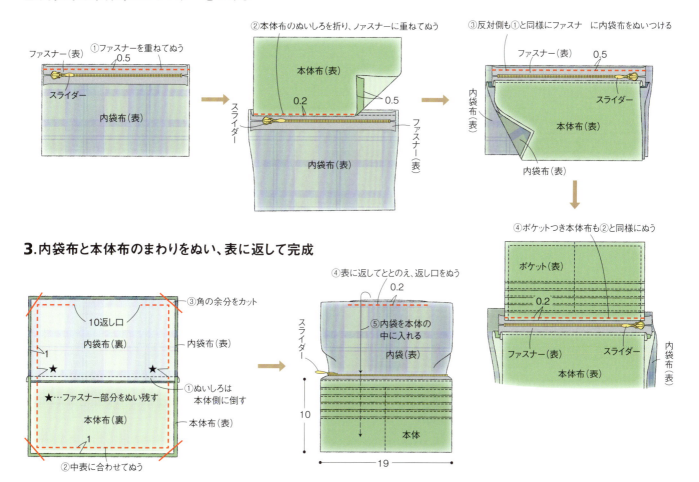

Baneguchi Bag

ポーチ

短時間あれば作れるポーチです。**A**は裏袋布で入れ口を縁取りするようにくるんでポイントに。**B**は合皮を使い高級感を出し、持ち手をつけました。

▪ 作り方ページ **49**

A

B

入れ口の開閉が楽にできる
バネ口バッグ

両端を押すとパカッと口が開く「バネ口」と呼ばれる金具を使って作ります。入れ口に口金を通してピンをさすだけで簡単に作れるので、初心者にもおすすめ。バネはサイズもいろいろあり、値段も手ごろと、優秀な材料です。ここでは化粧品やデジカメ、ICカードなどにぴったりの小さなポーチと、ショルダーバッグを紹介します。

ショルダーバッグ

フェイクファーを使いワンランクアップした仕上がりに。大きい口金はバネの力が強いので、厚地で作ったほうが開閉がしやすくなります。

▪ 作り方ページ **51**

バネ口バッグ　ポーチ　Baneguchi Bag

写真ページ **48**

材料
〈A〉 布…[表袋布]コットン（刺しゅう入り）25×35cm　[裏袋布]コットン（チェック）25×45cm
その他…長さ12cmのバネ口金具 1個、ペンチ

〈B〉 布…[表袋布]合成皮革（無地）50×60cm　[裏袋布]コットン（無地）25×25cm
その他…長さ14cmのバネ口金具（両端に持ち手を通す穴がついているもの）1個、
シリコン剤（p.10参照）、ペンチ、ループ返し（p.50参照）

※作り方は p.50 から

〈A〉
裁ち方図　単位：cm
（　）内はぬいしろ。指定以外は1cm
▼はノッチ（p.7参照）

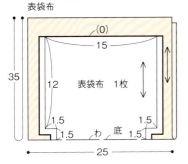

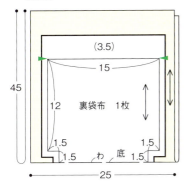

作り方

1. 袋布のわきをぬい、まちをぬう

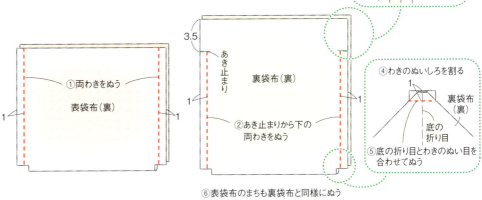

⑥表袋布のまちも裏袋布と同様にぬう

2. 入れ口をぬう

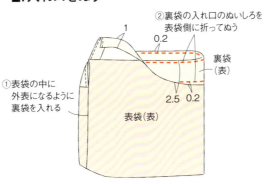

3. バネ口金具をつけて、完成

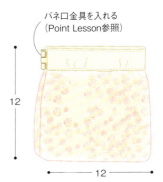

Point Lesson

バネ口金具のつけ方

袋布の金具の通し口から入れ、先をピンでとめるだけで簡単につけられます。

1. 金具の先を開き、バネ口金具の通し口から前側、後ろ側同時に金具を通す。

2. 金具の先をもう一方の金具の通し口から出して合わせ、付属のピンをさし込む。

3. ピンの両端をペンチで押さえてとめる。

クライ・ムキ Point
バネ口金具いろいろ

（上）ポーチBで使用。ピンの下部をペンチで曲げて固定する。（下）ショルダーバッグで使用。ピンの下部をナットでとめる。

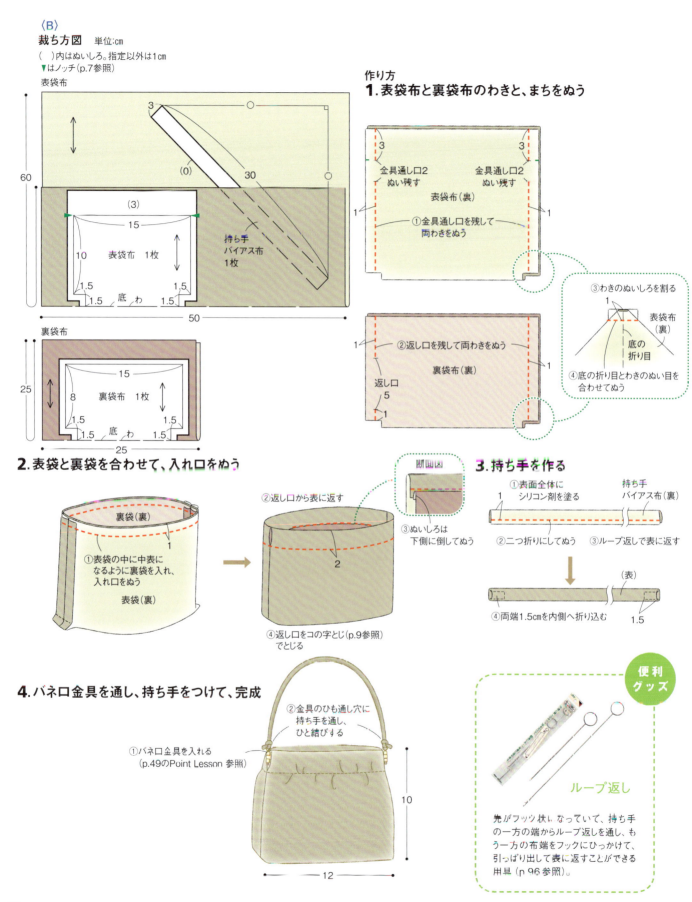

バネ口バッグ ショルダーバッグ　Baneguchi Bag

写真ページ **48**

材料
布…[表袋布] フェイクファー（プリント）45×45cm　[裏袋布] コットン（無地）70×25cm
その他…長さ18cmのバネ口金具（両端に持ち手を通す穴がついているもの）1個、
幅1cmの革製ショルダー用ひも（ナスカンつき）1個

裁ち方図　単位:cm
ぬいしろはすべて1cm

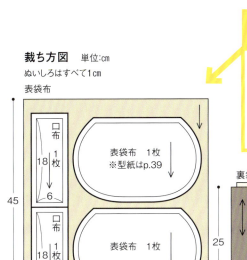

クライ・ムキ Point
フェイクファーの毛並み方向に注意

フェイクファーには、毛並みの向きがあります。裁ち方図の矢印の方向に毛並みが向くように裁断します（p.10「特殊素材の扱い方ポイント」参照）。

作り方
1. 口布を作り、袋布につける

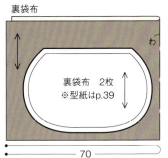

① 両端を折ってぬう
② 二つ折りにする
③ もう1枚も同様にぬう
④ 表袋布と裏袋布のあいだに口布をはさみ、ぬう
⑤ 同様にもう1つ作る

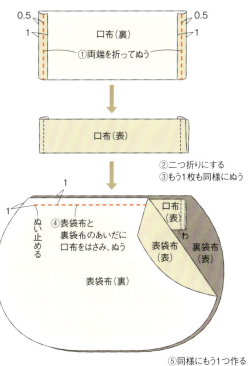

2. 表袋布と裏袋布をぬう

① 1で作った袋布2枚を中表に合わせる
② 表袋布のまわりをぬう
③ 返し口をぬい残し、表袋布と同様に裏袋布のまわりをぬう
④ 返し口から表に返し、返し口をコの字とじ（p.9参照）でとじる

返し口15

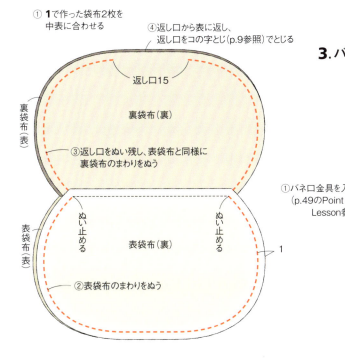

3. バネ口金具を通し、ひもをつけて、完成

① バネ口金具を入れる（p.49のPoint Lesson参照）
② ひもをつける

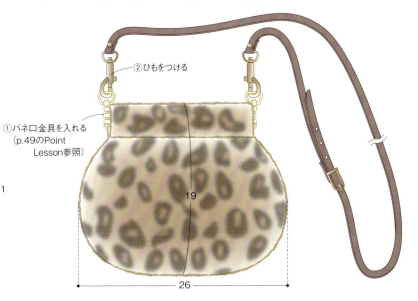

Tote Bag

B5、A4、B4と書類のサイズに合わせて作る
トートバッグ

収納力があり、書類を折らずに持ち運べるバッグがほしいと思って作りました。それぞれB5、A4、B4サイズの書類が入ります。作り方は同じで、バッグの底、わきを表からぬうことで、形を安定させました。B4サイズが入る大きめのバッグは、持ち手を長めにしているので肩からかけて使えます。丈夫なキャンバス地を使っていることもポイント。

■作り方ページ **53**

広めのまちなので雑誌や本も入り、収納力は抜群。

トートバッグ Tote Bag

材料
布…コットン（キャンバス地）〈小〉90×100cm 〈中〉100×110cm 〈大〉110×120cm
その他…接着芯（シャープ芯 厚）〈小〉35×10cm 〈中〉40×10cm 〈大〉50×10cm、
　　　　接着芯（薄手）〈小〉〈中〉〈大〉50×20cm
バッグ用底板 〈小〉28×10cm 〈中〉32×10cm 〈大〉38×10cm

裁ち方図　単位:cm
（　）内はぬいしろ。指定以外は1cm
▼はノッチ（p.7参照）

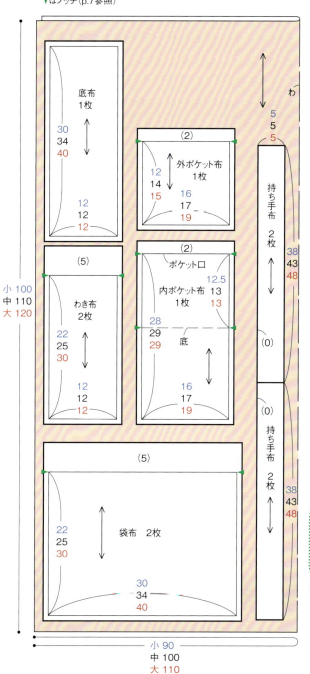

作り方　〈小〉〈中〉〈大〉共通

1. 外ポケットを作り、つける

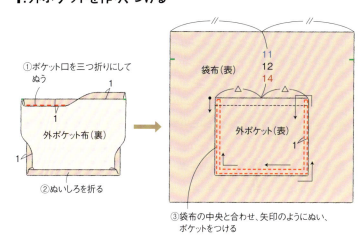

2. 袋布の入れ口に接着芯をはる

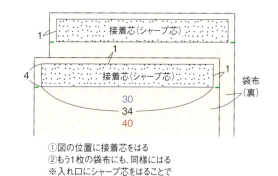

①図の位置に接着芯をはる
②もう1枚の袋布にも、同様にはる
※入れ口にシャープ芯をはることで
　バッグの形が安定する

3. 内ポケットを作る

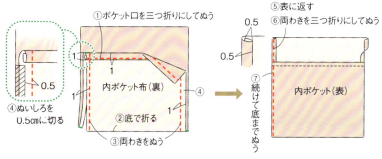

4. 内ポケットをつける

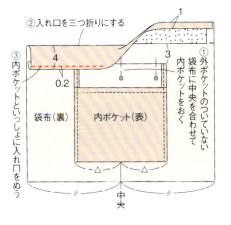

5. 袋布とわき布の入れ口を折って、ぬう

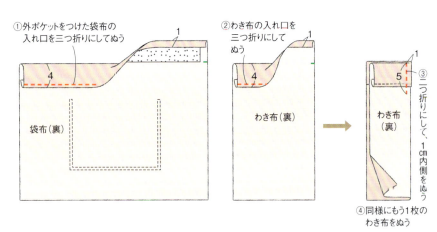

6. 持ち手を作る

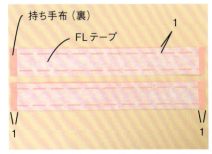
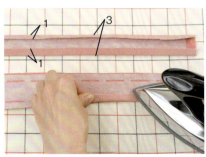
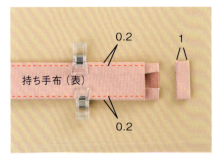

あると便利!

FLテープ
スリット(切れ目)の入ったテープ状の接着芯。布地に接着したあとスリットに沿って折れば、簡単で正確な折り目がつけられる。でき上がり幅2〜4cmまで0.5cm間隔で市販されている(p.96参照)。

ソーイングクリップ
まち針の代わりに使うクリップ。まち針が打ちづらい厚手の布地や、針穴の跡がつくラミネート加工や合皮などに使うと便利。バネの力が強いので布地がずれることなくしっかりととまる。

7. 持ち手をつける

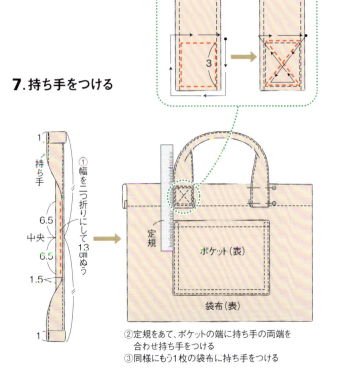

8. 底布、袋布、わき布をつける

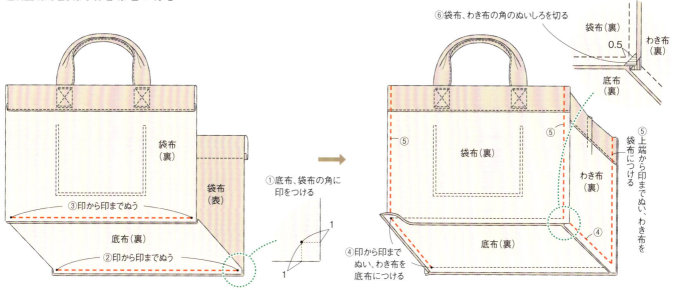

9. 表から各辺をぬって、完成

Gamaguchi

いくつか作ってコツをつかめば簡単
がま口

「作りたいけどむずかしそう」という声をよく聞くのが、このがま口です。でも口金のつけ方は一度マスターすれば、案外簡単に作れるようになります。ただし市販の口金にはさまざまな形とサイズがあり、口金に合った型紙がないと作りづらいもの。そこでp.00のPoint Lessonで「がま口の口金に合わせたオリジナル型紙の作り方」を紹介しました。これで口金に合わせて作れるようになります。

コインケース
ころんとしたフォルムがかわいいケース。表袋と裏袋のあいだに薄手のキルト芯を入れてふっくらと仕上げました。
■作り方ページ **58**

裏袋にポップなプリントを使うと、あけるたびに楽しい気分に。

パーティーバッグ

角形のがま口を使った、パーティーにぴったりのバッグです。白のサテン地にレースを重ね、中央にはギャザーを寄せてふんわりとした形に。持ち手は市販のチェーンをつけて華やかさをアップしました。

▪ 作り方ページ **62**

グラスケース

白のサテン地に黒のレースを重ねたシックなグラスケース。底にはまちをつけて、めがねを収納しやすい形にしました。

▪ 作り方ページ **58**

パーティーバッグは内袋にもサテン地を使って華やかに。グラスケースの内袋はめがねふきの布で作りました。

がま口 コインケースとグラスケース　Gamaguchi

写真ページ 56

材料

コインケース

〈小〉布…[表袋布]コットン（水玉）40×15cm　[裏袋布]コットン（水玉）40×15cm／その他…極薄キルト芯40×15cm、口金（丸形）7.5×4cm

〈大〉布…[表袋布]コットン（水玉）50×20cm　[裏袋布]コットン（水玉）50×20cm／その他…極薄キルト芯50×20cm、口金（丸形）12×5.5cm

〈グラスケース〉 布…[表袋布]レース布、サテン地各30×25cm　[裏袋布]化繊30×25cm／その他…ノン・アイロンシート（p.62参照）30×25cm、口金（角形）7.5×4cm

コインケース
裁ち方図　単位:cm
ぬいしろはすべて0.5cm

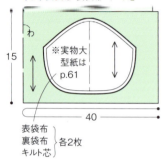

〈小〉表袋布・裏袋布・キルト芯
表袋布／裏袋布／キルト芯 各2枚

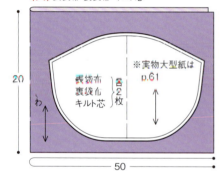

〈大〉表袋布・裏袋布・キルト芯
表袋布／裏袋布／キルト芯 各2枚

作り方　〈小〉〈大〉共通

1. 表袋布にキルト芯を重ねる

表袋布2枚の裏にキルト芯を重ねる

2. 袋布をぬう

① 表袋布2枚を合わせわきと底をぬう（ぬい止める、0.5）

② 裏袋布2枚を合わせ返し口をぬい残し、両わきと底をぬう　返し口5

3. 表袋と裏袋を合わせて、ぬう

① 表袋の中に中表になるように裏袋を入れ、前側と後ろ側をそれぞれぬう（0.5）

② 返し口から表に返し裏袋の返し口をコの字とじ（p.9参照）でとじる

③ 表袋側に返し入れ口をぬう（0.3）

4. 口金をつけて、完成

口金をつける（右ページPoint Lesson参照）

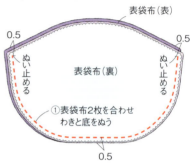

〈大〉12 / 5.5 / 14

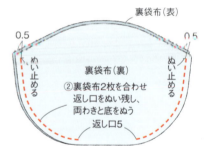

〈小〉7.5 / 4 / 8 / 8

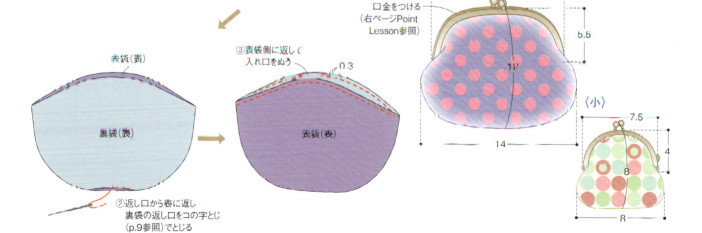

グラスケース
裁ち方図 単位:cm
ぬいしろはすべて0.5cm

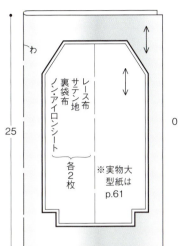

作り方

1. 表袋布にノン・アイロンシートをはり、レース布を重ねる（p.62の**1**参照）

2. 袋布をぬう

3. 表袋と裏袋を合わせて、ぬう（左ページの**3**参照）

4. 口金をつけて、完成

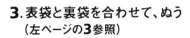
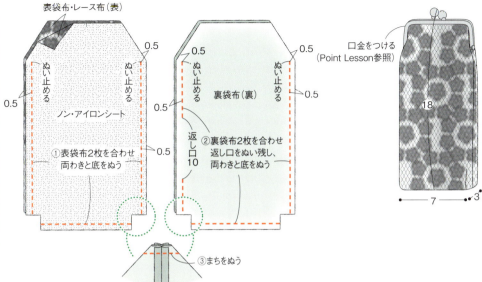

Point Lesson

口金のつけ方

口金をつけるポイントは、袋布の入れ口と口金の中央を合わせ、中央から左右に分けて入れ口を口金に入れること。いくつか作ると、慣れてきてコツがつかめ、きれいに口金がつけられるようになります。

用意するもの

1 ペンチ
2 マイナスドライバー
3 手芸用ボンド（出し口の先の細いものが使いやすい）
4 口金
5 紙ひも

1. 紙ひもを口金に添わせ、口金より約1.5cm短く紙ひもを切る。

2. 紙ひもを3等分に切る。

3. 口金の溝の奥に手芸用ボンドを入れる。ボンドの量は、口金の溝の深さの半分程度が目安。

4. 裏袋の入れ口の中央にチャコペンで印をつけ、口金の中央に合わせてマイナスドライバーで口金の溝に押し込む。

5. 4で口金の溝に入れた入れ口の裏袋側から、**2**の紙ひもを1本、口金の中に押し込む。

6. **2**の紙ひもを1本、わき側にも押し込む。

7. 反対側も同様に入れ口を口金の溝に入れ、残りの紙ひもをわき側に押し込む。

8. もう片方も同様に入れ口を入れ、あて布の上から口金の端をペンチで押さえる。※口金の前面、後面の両端、計4ヵ所のみ。

Point Lesson

がま口の口金に合わせたオリジナル型紙の作り方

口金には幅や高さの違う、さまざまな形があります。口金から型紙を作る方法をマスターすれば、口金からオリジナルのがま口を作ることができます。

アールルーラーテンプレート
あると便利！
プレートにある弧を使って、コンパスを使わずにカーブが描ける。★

1. 紙に垂直に交わる2本の線を引き、口金を開いて中央と垂直線を合わせて紙の上におき、口金のまわりをなぞる。

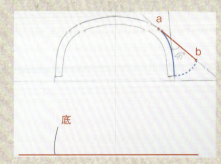

5. メジャーなどでaから口金の端まで測り（青線）、4で描いた直線上の同寸位置（b）に印を入れる。

6. 好みの袋の深さを決め、1で描いた垂直線の横線に平行に底の線を描く。

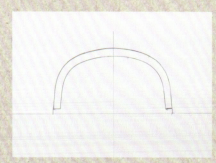

2. 口金全体を描き写したところ。

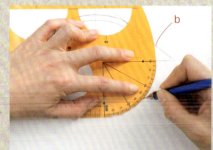

7. bと底の線をつなぐようにカーブを描く。
※角を四角くしたいときには、直線でつなぐ

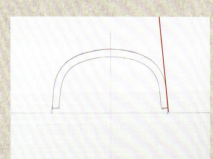

3. 口金のわきの直線に沿って線をのばして直線を描く。

8. ぬいしろを0.5cmつける。

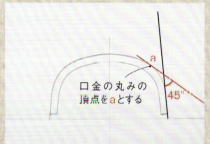

4. 口金の丸みの頂点に印（a）をつける。その印を通る3の直線上に20〜50度の角度で交わる直線を引く。角度が大きくなるほどふっくら仕上がる。

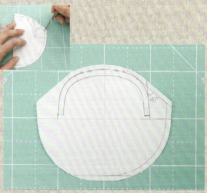

9. 紙の中央で二つ折りにしてぬいしろ線で切る。bの点に目打ちで穴をあけて、もう一方にも印をつけて紙を開く。

がま口のコインケースとグラスケース
実物大型紙

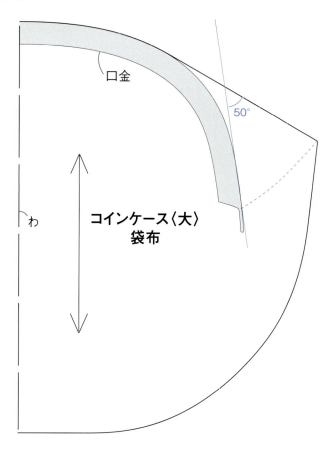
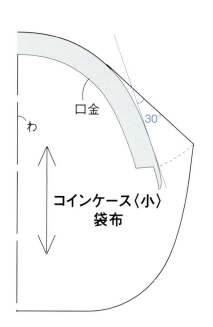
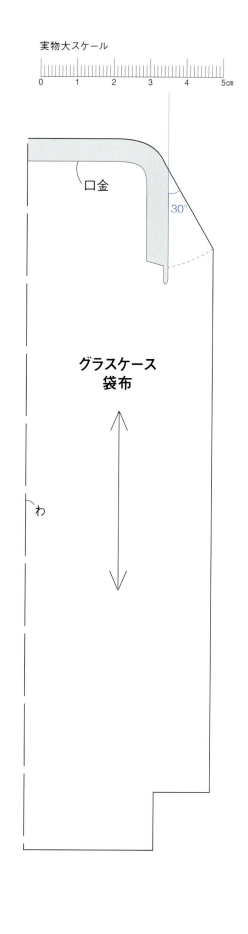

がま口 パーティーバッグ Gamaguchi

写真ページ 57

材料
布…[表袋布] レース布 80×25cm
[表袋布・裏袋布] サテン地（無地）80×25cmを2枚
その他…ノン・アイロンシート 80×25cm、
口金 18×6cm（持ち手を通す穴がついているもの）、
長さ38cmのナスカンつきチェーン1本

ノン・アイロンシート
アイロンを使わず布に接着できる、シールタイプのミシン専用芯地。布に張りと厚みを出すことができる。

裁ち方図 単位:cm
( )内はぬいしろ。指定以外は1cm
▼はノッチ(p.7参照)

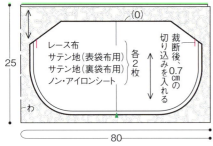

レース布
サテン地(表袋布用)
サテン地(裏袋布用)
ノン・アイロンシート
各2枚

裁断後、0.7cmの切り込みを入れる

25／80／わ
※実物大型紙は右ページ

クライ・ムキPoint
レース布は表袋布にのりで仮どめする

レース布と表袋布がずれるのを防ぐため、ぬい合わせる前に布用ペンタイプのり(p.10参照)を表袋布の縁に塗り、レース布を仮どめします。のりの上からでもぬえ、乾くと透明になります。

作り方

1. 表袋布にノン・アイロンシートをはり、レース布を重ねる

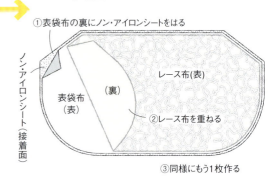

①表袋布の裏にノン・アイロンシートをはる
②レース布を重ねる
③同様にもう1枚作る

2. 表袋と裏袋を作り、ぬい合わせる

裏袋布(表)
②裏袋布も同様にぬう
裏袋(裏)
0.7
①表袋布のまわりをぬう
レース布(表)
表袋(裏)
0.7

④表袋と裏袋をいっしょにぬう
0.7 裏袋(表)
切り込み 切り込み
表袋(裏)
③わきのぬいしろを割って表袋の中に中表になるように裏袋を入れる

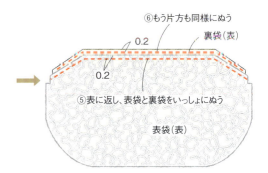

⑤表に返し、表袋と裏袋をいっしょにぬう
⑥もう片方も同様にぬう
0.2 裏袋(表)
0.2
表袋(表)

3. ギャザーを寄せる

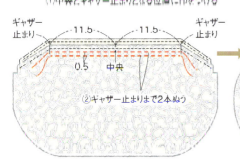

(1)中央とギャザー止まりとなる位置に印をつける
ギャザー止まり 11.5 11.5 ギャザー止まり
0.5 中央
②ギャザー止まりまで2本ぬう

6.5 6.5
中央
ギャザーを寄せたあと糸端は結んで固定する
③糸を引いてギャザーを寄せる
④もう片方も同様にぬう

4. 口金をつけて、完成

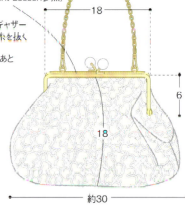

①口金をつける(p.59のPoint Lesson参照)
②3の②でギャザーを寄せた糸を抜く
チェーン
18
6
18
約30

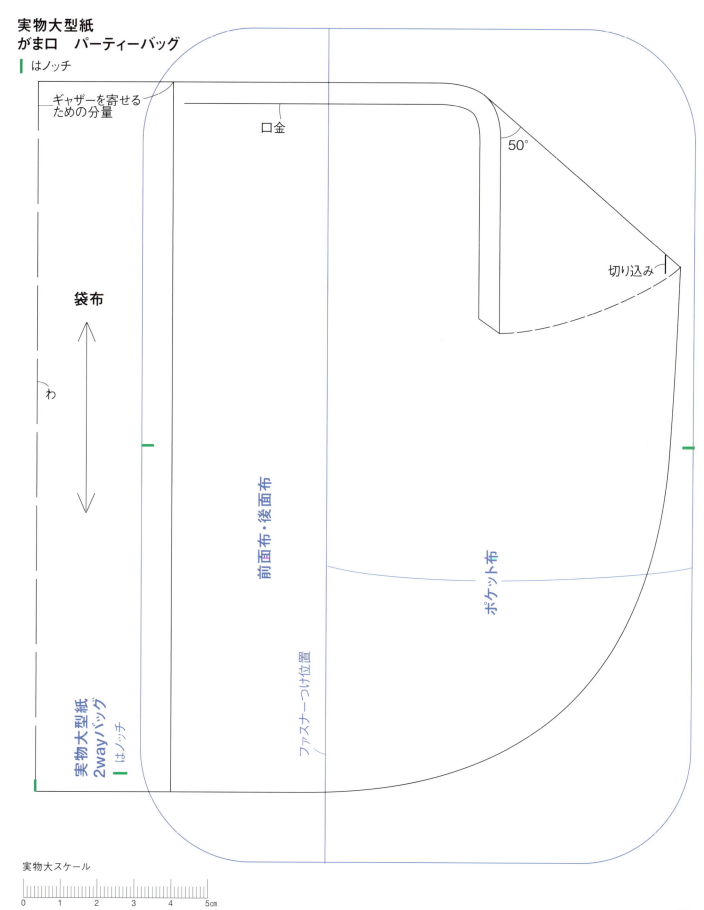

Rucksack

キッズから大人まで、3つのサイズから選べる

リュックサック

用途や世代を選ばず使えるように、高さ26cm、33cm、40cmの3サイズ紹介します。ファスナーや、ダーツつきのポケットをつけているので少し手間はかかりますが、でき上がったときの達成感は格別です。〈中〉のキルトのような厚地なら「1枚仕立て」で、〈小〉のニット地・〈大〉の合成皮革や普通地なら裏袋をつけく「裏つき仕立て」で作りましょう。

■作り方ページ **65**

肩ひもは、長さ調整ができるようにしました。

リュックサック Rucksack

材料 ※コイルファスナーは幅3cm以上のものを使用する。材料はすべて裏つき仕立ての分量。1枚仕立てのときは裏袋布をはぶき、幅0.8cmのバイアステープを〈小〉200cm〈中〉250cm〈大〉300cm加える

〈小〉布…[表袋布]ニット地（無地）80×80cm　[裏袋布]コットン80×50cm／その他…長さ40cmの両開きコイルファスナー（p.67参照）1本、長さ25cmの片開きコイルファスナー1本、幅2.5cm用コキ（p.66参照）2個、幅2.5cmのナイロンテープ170cm、幅1cmのリボン30cm、伸び止めテープ適量

〈中〉布…[表袋布]ナイロンキルト90×90cm　[裏袋布]コットン90×60cm／その他…長さ50cmの両開きコイルファスナー（p.67参照）1本、長さ30cmの片開きコイルファスナー1本、幅2.5cm用コキ（p.66参照）2個、幅2.5cmのナイロンテープ220cm

〈大〉布…[表袋布]合成皮革（無地）110×110cm　[裏袋布]コットン110×80cm／その他…長さ60cmの両開きコイルファスナー（p.67参照）1本、長さ35cmの片開きコイルファスナー1本、幅2.5cm用コキ（p.66参照）2個、幅2.5cmのナイロンテープ250cm、コードエンドストッパー3個、太さ0.3cmのひも45cm

裁ち方図 単位:cm
( )内はぬいしろ。
指定以外は1cm
▼はノッチ(p.7参照)

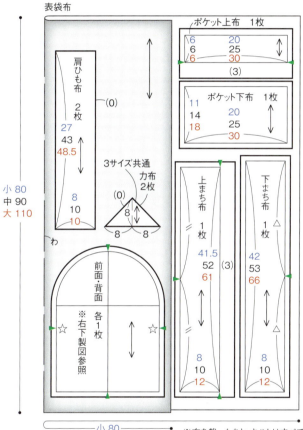

※布を裁ったあと、キルトはすべての布端にジグザグミシンをかけておく

クライ・ムキPoint

ニット地はぬいしろに伸び止めテープをはってからぬう

伸縮性のあるニット地は、ぬっているあいだに布が伸びてしまいがち。裁断後このテープを、ぬい合わせる位置（でき上がり位置）に重なるようにアイロンではると伸びずにぬいやすくなります。

伸び止めテープ

写真は黒の伸び止めテープだが、薄い色の布地には白を使用する。

製図
※型紙にポケット位置も描いておく
※ポケット上布、下布は、p.67-5でダーツ位置を描く

クライ・ムキPoint

布地によって仕立て方を変えましょう

リュックは重い荷物が運べるよう、丈夫な中厚地から厚地の布地で作るのが一般的。これなら「1枚仕立て」でOKですが、薄手の布地を使いたいなら、裏袋をつける「裏つき仕立て」にして強度を高めます。

1枚仕立て
キルトやキャンバス地など丈夫な布地に向く。裏袋分の布地が不要で、手軽に作れる。ただし、布端はグログランテープではさんでぬって始末する。

裏つき仕立て（裏袋つき）
普通地のコットンやニットなどは、裏袋を作って重ねる。強度も高まり、裏つきにすることで中のぬいしろが見えず、すっきりと仕立てられる。

グログランテープ
横方向にうねのある平織りのテープ。幅を二つ折りにして布端をはさんでぬい、布端の始末をする。

コキ
テープの長さを調整するパーツ。

作り方

1. 肩ひもを作る

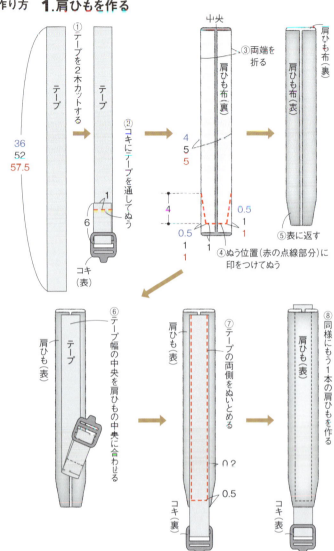

2. テープに力布をつける

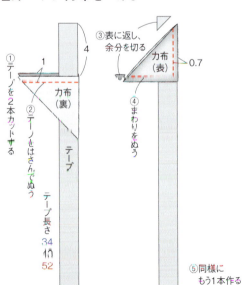

3. 持ち手をぬう

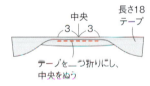

4. 背面に肩ひも、持ち手、力布をつける

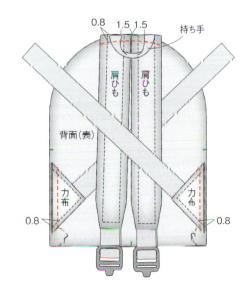

5. ポケットを作る

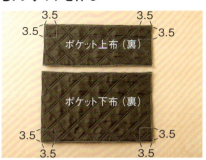

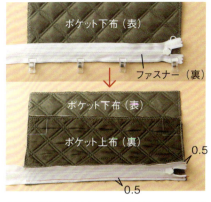

① ポケット上布とポケット下布の裏側にダーツの印をチャコペンで描いておく。

② ポケット下布に片開きのファスナーを中表に合わせて、端から0.5cmのところをぬう。もう一方のファスナーの端に、ポケット上布を同様にぬいつける。

③ 押さえ金をファスナー用にかえ、ファスナー側のポケット下布のぬいしろを1cm折り、端から0.2cmのところをぬう。

④ ポケット上布を裏側にし、ファスナーといっしょに3cmぬい、余分なファスナーは切りとる。ファスナーの両端のムシをコの字に切り抜く。

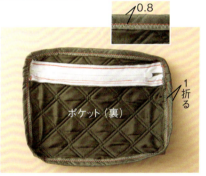

⑤ ファスナーを覆うようにポケット上布のぬいしろ3cmを折り、折り山から2.5cmの位置に印の線を描き、線の上をぬう。

⑥ ポケット上布、ポケット下布に**1**で印をつけたダーツ4カ所をぬい、角を0.5cm残して切り、ぬいしろを割る。

⑦ ポケットのまわりのぬいしろ1cmを折って、0.8cmのところをぬい、箱形のポケットを作る。

6. ポケットをつける

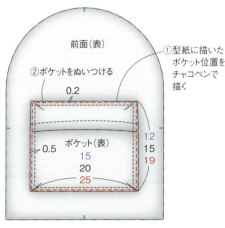

① 型紙に描いたポケット位置をチャコペンで描く
② ポケットをぬいつける

クライ・ムキPoint

ファスナー部分をぬわない方法

ファスナーのムシの上は、ぬいづらいもの。ムシの手前で針と押さえを上げ、金具を針の向こう側に押して針目をここだけ広げ、押さえを下げて続けてぬいます。

ムシをよけたぬい目

あると便利!

コイルファスナー

ファスナーのムシ部分がコイル状の樹脂でできているため、はさみで切って、好みの長さにすることができる。また、リュックサックのように、ファスナーの両端をぬいとめる場合、上下のとめ具をつけなくても使えて便利。

7. 上まち布にファスナーをつける

8. 上まち布に下まち布をつける

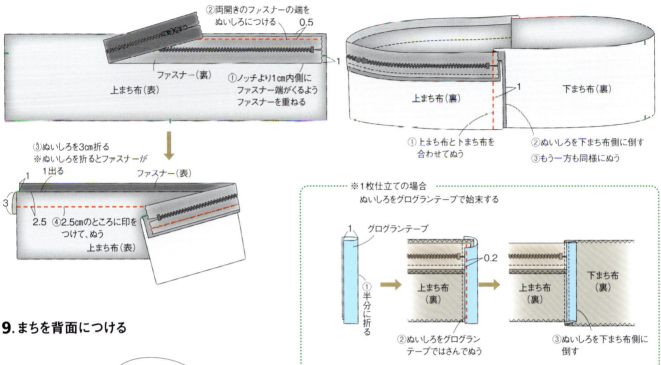

9. まちを背面につける

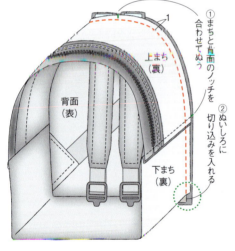

10. まちに前面をつける

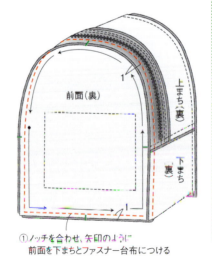

右のページ12へ

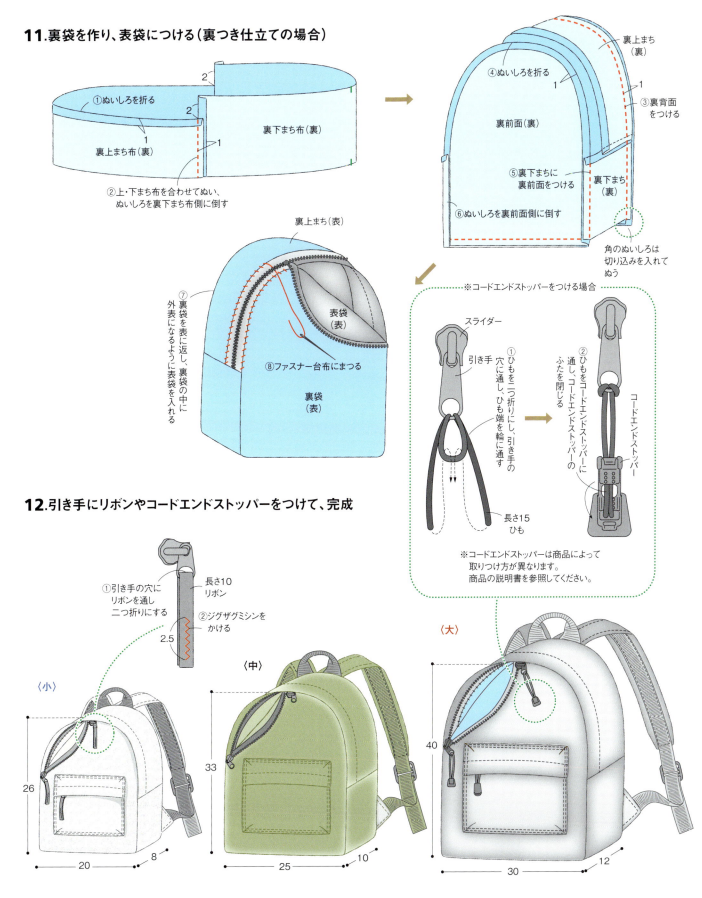

Bag in Rucksack

リュックの中をすっきり収納
バッグインリュック

収納力のある大きめのリュックは便利な半面、中がごちゃごちゃしがち。そこで、中身がすっきり収納できるリュック専用のインナーバッグを提案します。リュックにぴったり入るサイズで、まちもあって収納力は抜群！ いくつものポケットにメモ帳、ペンなどをそれぞれ収納できます。鍵はさっと取り出せるよう、上部のDカンにつけておくと便利。

背面にも大きめのポケットがあります。

バッグインリュック Bag in Rucksack　　写真ページ **70**

材料　※p.64のリュックリュック〈中〉〈大〉に対応。
布…ナイロンのキルティング地（無地）〈中〉110×60cm　〈大〉110×120cm
その他…幅2cmのグログランテープ250cm、内径2cmのDカン1個

裁ち方図　単位:cm（　）内はぬいしろ。指定以外は1cm
▼はノッチ(p.7参照)

※布を裁ったあと、すべての布端にジグザグミシンをかけておく
(p.23「クライ・ムキPoint」参照)

作り方

1. ポケット口、まちの短い辺を始末する

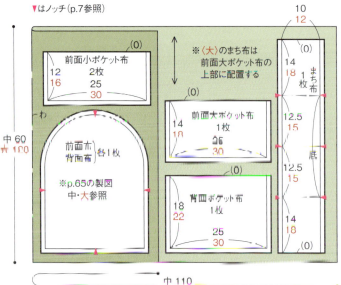

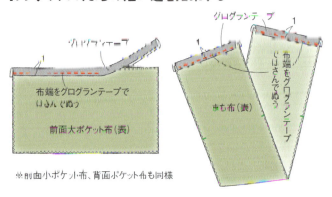

※前面小ポケット布、背面小ポケット布も同様

2. 前面にDカンを通したタブとポケットをつける

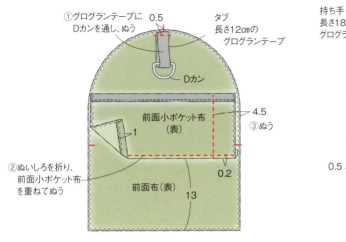

3. 背面に持ち手とポケットをつける

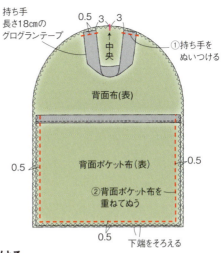

4. 前面大ポケットと前面小ポケットを重ねてぬい、まちをつける

5. 前面にまちをつける

6. 前面と背面をぬい合わせ、表に返して完成

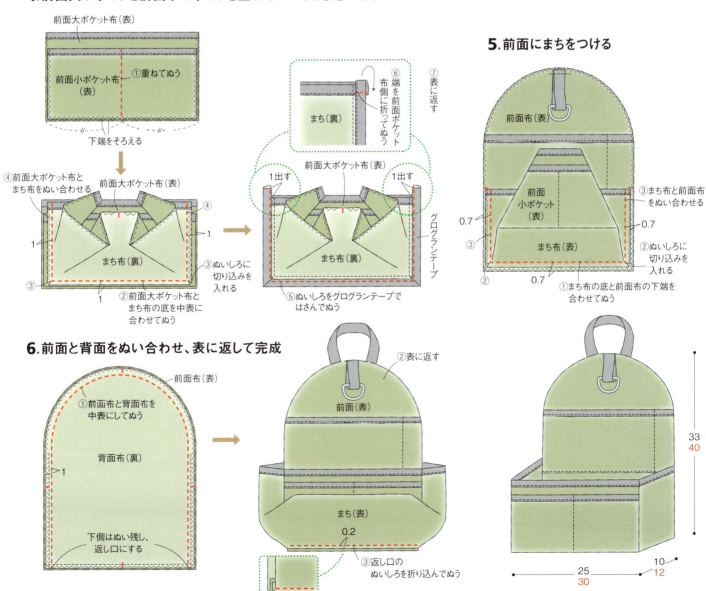

2way Bag

ショルダーバッグにもウエストポーチにも楽しめる
2wayバッグ

ショルダーバッグ、ウエストバッグとしても使える2wayバッグ。ショルダーを長くして斜めがけとしても使えます。小さいけれど広めのまちがあり、両手が使えるので、普段の買い物だけでなく、旅先でも重宝。前面の大きいポケットにもファスナーをつけたので中身がこぼれず安心です。

▶作り方ページ **73**

まちの幅を変えて、収納力に差をつけた2タイプを提案します。広幅のものは、布を変えれば通園バッグにもちょうどいいサイズになります。

ショルダーバッグ
ナイロンテープで長さが調整できるショルダーひもを作りました。

ウエストバッグ
裏側のベルト通しに市販のガチャベルトを通すだけでウエストバッグに。

2wayバッグ　2way Bag

材料
〈A〉まち幅（大）、〈B〉まち幅（小）共通
布…キルティング地　80×50cm、ナイロン地　30×20cm
その他…幅2cmの綾織りナイロンテープ145cm、幅2cmのグログランテープ160cm、幅2cm用Dカン2個、幅2cm用ナスカン2個、幅2cm用ベルト送り1個、長さ20cmの片開き樹脂ファスナー1本、長さ30cmの片開き樹脂ファスナー1本、幅3cmのガチャベルト1本

裁ち方図　単位:cm
（　）内はぬいしろ。指定以外は1cm
▼はノッチ（p.7参照）
黒数字は〈A〉・〈B〉共通
※布を裁ったあと、すべての布端にジグザグミシンをかけておく（p.23「クライ・ムキPoint」参照）

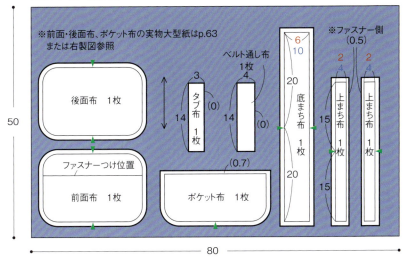

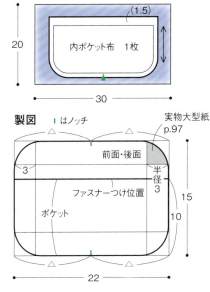

作り方
1. ポケットにファスナーをつけ、前面につける

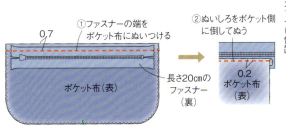

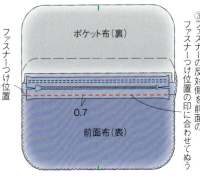

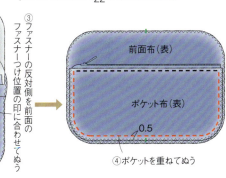

2. ベルト通しを作り、つける

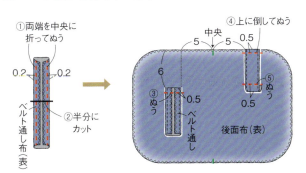

3. 内ポケットを作り、後面につける

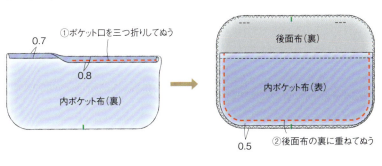

次のページに続く→

4. 上まちにファスナーをつける

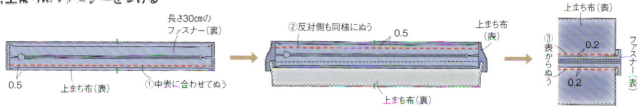

5. タブを作り、上まちにつける

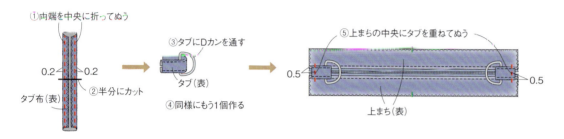

6. 上まちと底まちをぬい、前面と後面とぬい合わせる

7. 肩ひもを作る

8. 裏に返し、完成

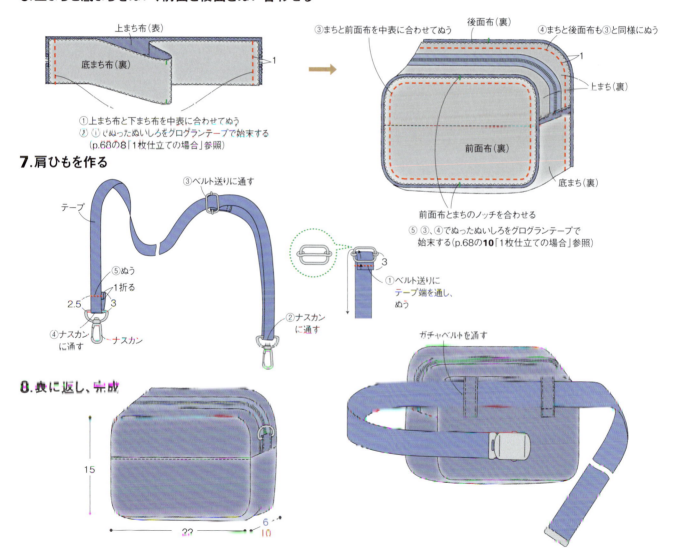

Messenger's Bag

リバーシブルで楽しめる
メッセンジャーバッグ

肩から斜めがけにして使える便利なバッグ。大きめのタイプは、幅の広い肩ひもを共布でつけたことで、荷物が重くても肩への負担が軽く、楽に持てます。小さめのタイプは、子どもから大人まで使えるよう、市販のテープで長さを調整できるように金具をつけ、袋布、フラップともに同じ型紙で作れます。

▶作り方ページ **76**

リバーシブルで使えます。表袋と裏袋に印象の違う布地を使って気分や服装に合わせて選びましょう。

表袋の前面に2つに仕切られた大きなポケットをつけました。裏袋側にも同じポケットをつけたので、機能的です。

メッセンジャーバッグ Messenger's Bag

材料

〈小〉布…[表袋布] リネン（無地）50×100cm　[裏袋布] コットン（プリント）50×100cm
その他…幅3cmの綿テープ130cm、幅1cmの両折りタイプのバイアステープ70cm、
幅3cm用の角カン1個、幅3cm用のベルト送り1個

〈大〉布…[表袋布] コットン（無地）70×130cm　[裏袋布] コットン（チェック）70×130cm

製図　単位:cm
袋布・フラップ・ポケット

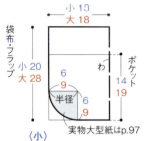

実物大型紙はp.97

裁ち方図　単位:cm
（　）内はぬいしろ。指定以外は1cm
▲はノッチ（p.7参照）

〈小〉表袋布・裏袋布

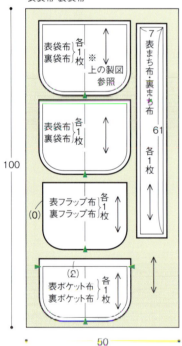

〈大〉表袋布・裏袋布

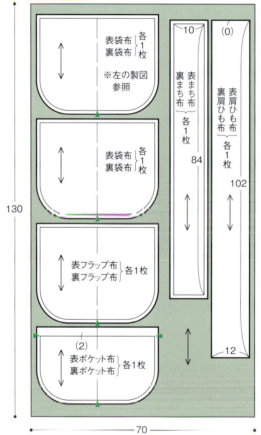

クライ・ムキPoint
まちの柄合わせは目立つ上部で

まち布の型紙が1枚の場合、一方の柄合わせができても、もう片方で合わないことが。その場合は、型紙を中央で半分にして上部の柄を合わせて2枚裁ち、底部分で布をはぎ合わせましょう。はぎ合わせる位置にぬいしろをつけることをお忘れなく。

Point Lesson

チェックの布地の柄合わせ

チェックなど柄合わせが必要な布地は、それぞれのパーツの端で柄が合うように型紙を配置します。でき上がったバッグを想像し、柄を確認しながら、1枚ずつ裁断します。布地は多めに用意しておきましょう。

1. 袋布の型紙の中央を、布地のチェックの中央に合わせておき、まず1枚裁断する。

2. 1で裁断した袋布を柄が同じになる位置におき、もう1枚袋布を裁断する。

3. 2で裁断した袋布の上側の柄を、まち型紙に描く。型紙に描いた柄が、布地の柄に合うようにおき、裁断する。

作り方 〈大〉

1. ポケットを作り、袋布につける

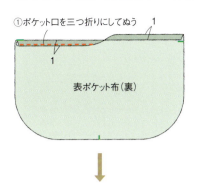

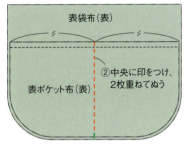

③裏袋布と裏ポケット布も同様に作る

2. フラップを作る

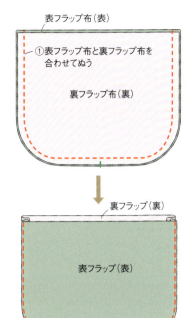

3. 袋布にまちをつける

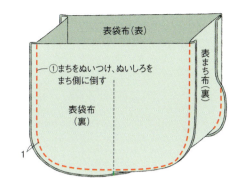

②裏袋布と裏まち布も同様に作る

4. 肩ひもを作る

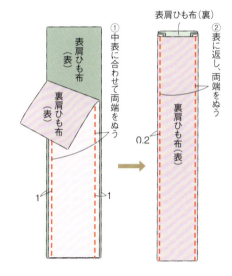

5. 表袋にフラップと肩ひもをつける

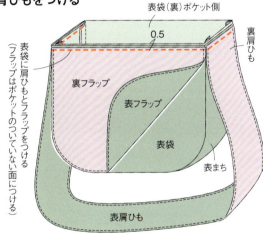

6. 表袋と裏袋を合わせて、入れ口をぬう

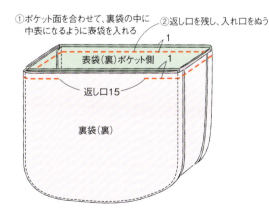

7. 表に返し、入れ口をぬって完成

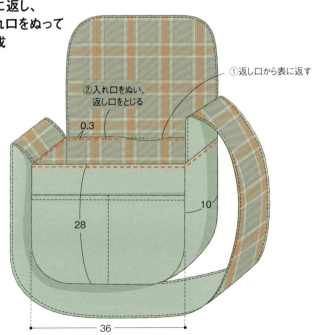

〈小〉

1. ポケットを作り、袋布につける

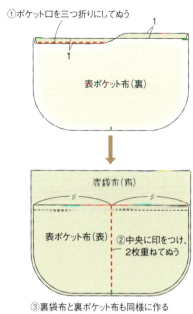

2. フラップを作る

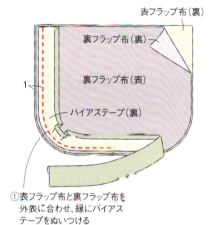

3. 袋布にまちをつける

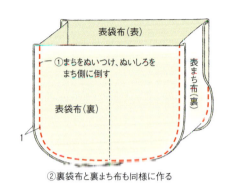

4. 肩ひもを作る

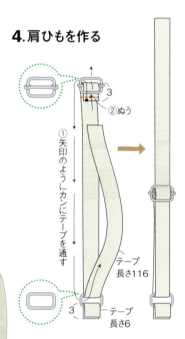

5. 表袋にフラップと肩ひもをつける

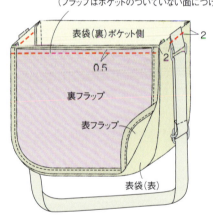

6. 表袋と裏袋を合わせて、入れ口をぬう

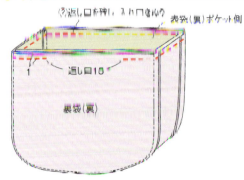

7. 表に返し、入れ口をぬって完成

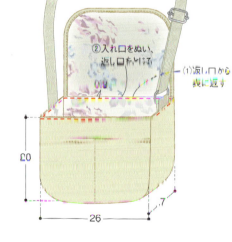

Dice Bag

立方体だからしっかり収納できる
サイコロバッグ

まち幅が広くて入れ口が大きく、ファスナーで開閉できるサイコロバッグ。行楽用のお重が安定して運べたり、子どものおもちゃなどの収納にもおすすめ。小さいサイズは布端の始末のいらないフェルトを使って作りました。バッグの中でバラバラになりがちな、モバイルバッテリーやコード類などをまとめて収納できます。デスクまわりの小物の収納にもおすすめです。

■作り方ページ **80**

物の出し入れがしやすいように、長めのファスナーをつけました。

布端の始末のいらないフェルトを使い、ぬいしろが表になるデザインに。

サイコロバッグ Dice Bag

材料
〈大〉布…コットンのキルティング地（無地）110×90cm
その他…長さ40cmの片開き金属ファスナー1本
〈小〉布…フェルト（ベージュ）65×25cm　フェルト（茶）50×25cm
その他…長さ20cmの片開き樹脂ファスナー1本

〈大〉裁ち方図　単位：cm
（　）内はぬいしろ。指定以外は1cm
▼はノッチ（p.7参照）

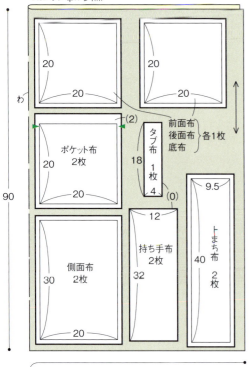

※布を裁ったあと、すべての布端にジグザグミシンをかけておく（p.23「クライ・ムキPoint」参照）

作り方

1. 前面、後面を、底とぬい合わせる

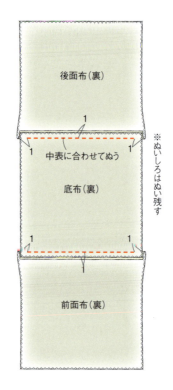

2. ポケット口を始末し、側面につける

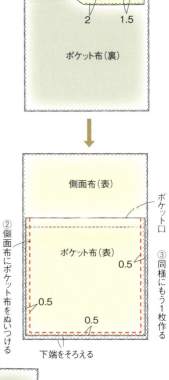

3. 持ち手とタブを作る

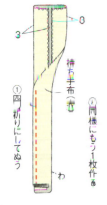
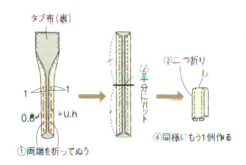

4. 1と2をぬい合わせる

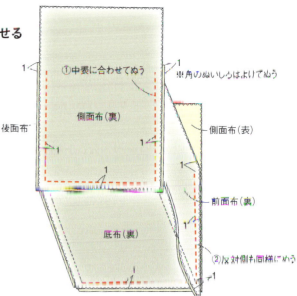

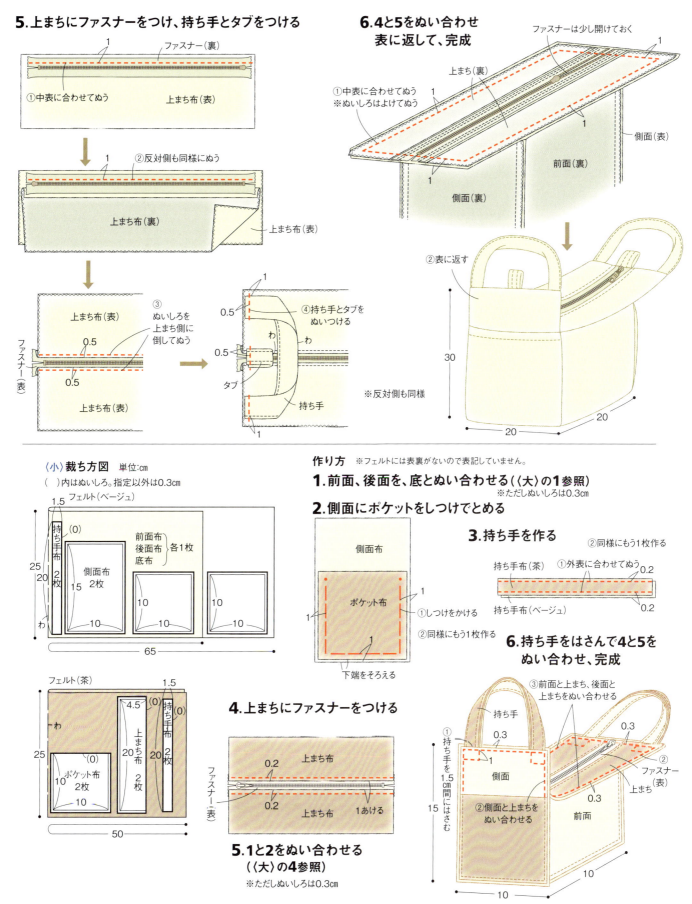

Oval Tote Bag

入れ口にはファスナーをつけて中身が見えない工夫をしました。紺色のステッチが白地に映えます。

ファスナーつきで中身を隠す
だ円底トートバッグ

買い物はもちろん、お弁当と水筒がすっぽり入ってピクニックのときにも活躍するうれしい大きさ。厚地の8号帆布を使っています。厚い布地は丈夫なのはもちろん、長く使っても型くずれしにくいメリットが。持ち手と底にストライプの布地を組み合わせてポイントに。入れ口にファスナーをつけ、ぬいしろはバイアステープで始末して作ります。

▶作り方ページ 83

だ円底トートバッグ　Oval Tote Bag

材料
布…コットン（無地の帆布）110×130cm　コットン（ストライプ）50×120cm
その他…長さ60cmの片開きコイルファスナー（p.67参照）1本、
幅0.8cmの両折りタイプのバイアステープ 200cm

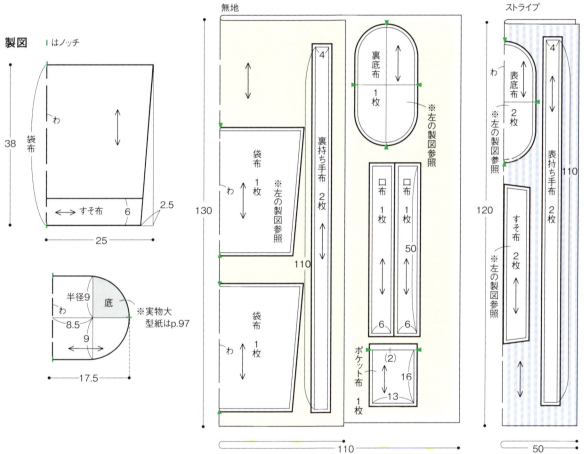

作り方

1. 持ち手を作る
2. ポケットを作り、袋布にポケット、持ち手、すそ布をつける

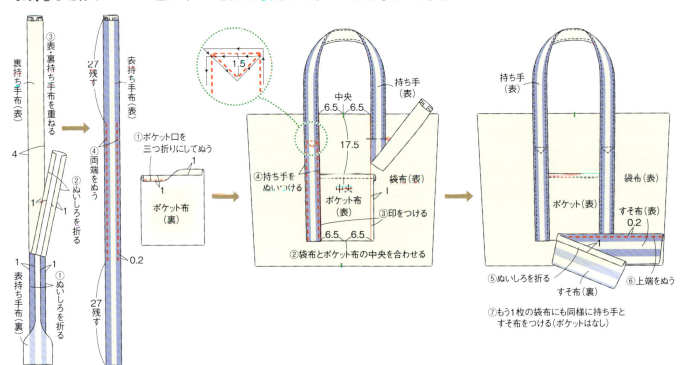

3. 袋布のわきをぬう
4. 袋布に底布をつける

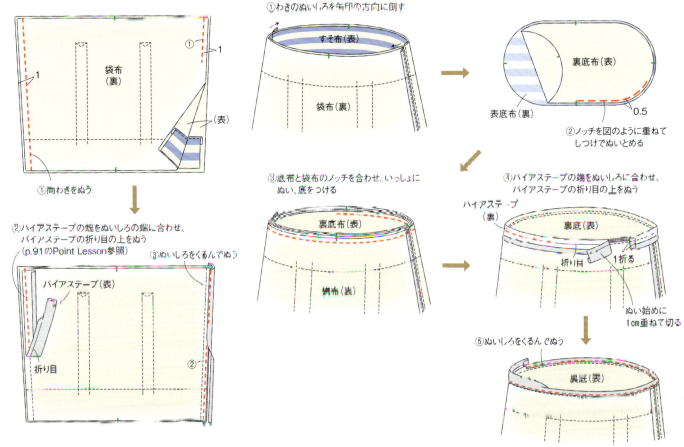

5. 口布にファスナーをつける

①口布2枚とコイルファスナー（p.67「あると便利！」参照）を用意する。

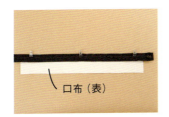

②口布とファスナーの端を中表に合わせ、まち針またはソーイングクリップ（p.54参照）でとめる。

③押さえ金をファスナー用に替え、ファスナーと口布を押さえ、端から1cmのところをぬう。

④端1cmの位置をぬったところ。

⑤もう1枚の口布も同様にファスナーにぬいつける。

⑥口布を表に折り、折り山から0.2cmのところをぬう。

⑦⑥のぬい目の0.5cm外側をぬう。もう一方の口布も同様にぬう。

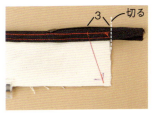

⑧ファスナーの中央で折り、印となる線を描いてから斜めにぬう。ファスナーの端は、口布に合わせて切る。

6. 口布の端をバイアステープでくるむ

7. 袋布に口布をつけて、完成

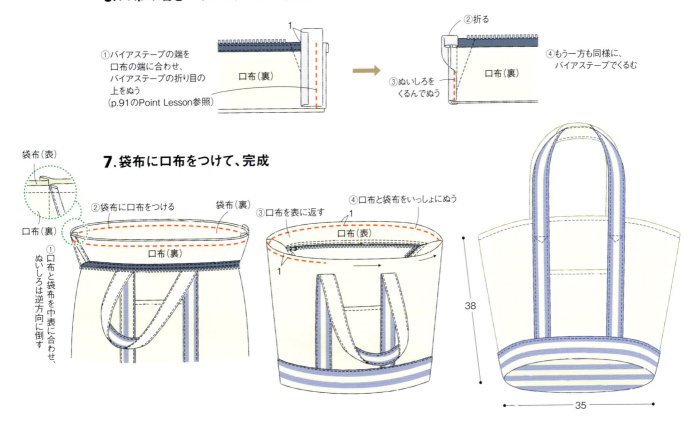

Big Bag

大きな荷物もしっかり入る
ビッグバッグ

何かと重宝する大きなバッグは、自転車の前かごにすっぽり入る使いやすいサイズにしました。買い物はもちろん、おけいこ事や小旅行でも活躍します。**A**は口布をつけてきんちゃくタイプにし、さらに6つのポケットで荷物が増えても仕分けられて便利です。**B**はファスナーをつけて中のものが見えないようにしています。

■作り方ページ **87**

B

A

入れ口のファスナーの両わきについたタブを引き上げると、ファスナーの開閉がしやすくなります。

内側には6つに仕切られたポケットつき。バッグの中がきちんと整理できます。

ビッグバッグ Big Bag

材料

〈A〉 きんちゃくタイプ
　　布…[表袋布] コットン（ストライプ）75 × 180cm
　　　　[裏袋布] コットン（無地）70 × 150cm
　　その他…接着芯（シャープ芯 中）60 × 100cm、太さ0.5cmのひも240cm

〈B〉 ファスナータイプ
　　布…コットン（ストライプ）100 × 130cm
　　その他…長さ50cmの片開きコイルファスナー（p.61参照）1本、
　　幅0.8cmの両折りタイプのバイアステープ 150cm

※作り方は p.89 から

〈A〉 きんちゃくタイプ

裁ち方図　単位:cm

（　）内はぬいしろ。指定以外は1cm
▼はノッチ（p.7参照）

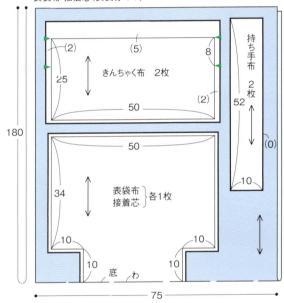

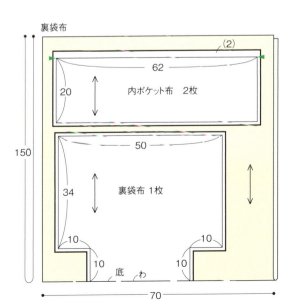

作り方

1. 表袋布に接着芯をはる

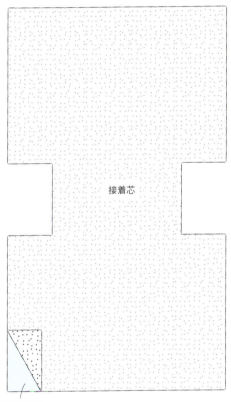

次のページに続く→

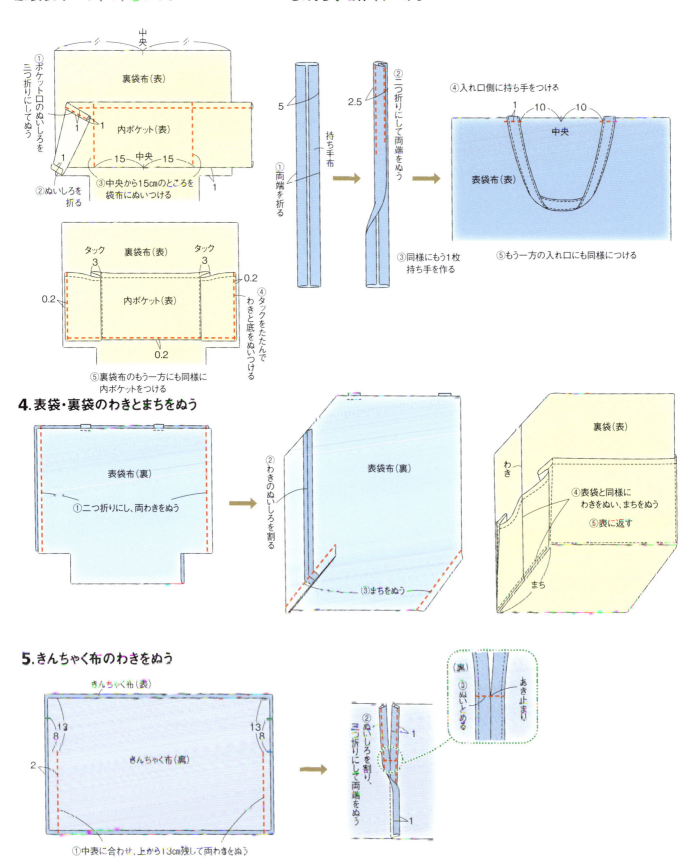

6. 表袋にきんちゃく布をつけて、完成

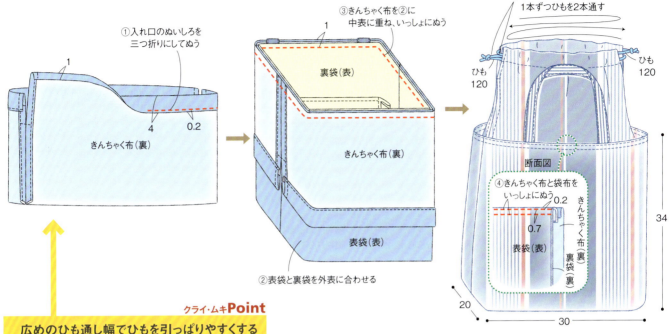

クライ・ムキ Point
広めのひも通し幅でひもを引っぱりやすくする

このバッグではきんちゃくの入れ口のひも通し幅を4cmにしました。ひもに対して広く感じますが、こうすることで通したひもが引きやすくなり、また入れ口を開けるときにも楽になります。

〈B〉ファスナータイプ　　裁ち方図　単位:cm
（　）内はぬいしろ。指定以外は1cm
▼はノッチ(p.7参照)

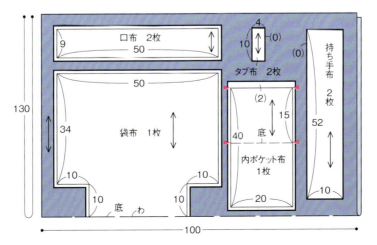

作り方
1. 内ポケットを作る

2. タブを作る

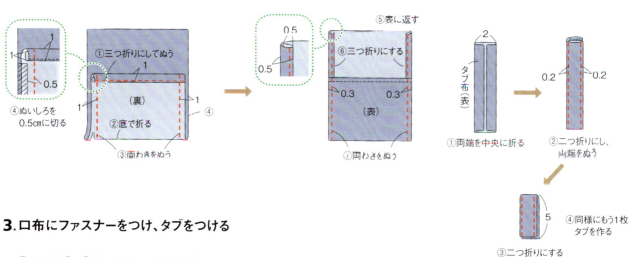

3. 口布にファスナーをつけ、タブをつける

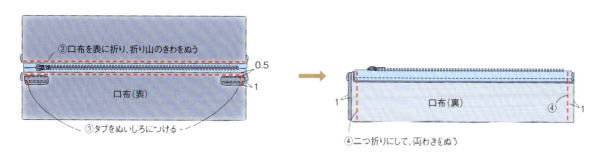

4. 持ち手を作り、つける

5. 袋布にポケットをつける

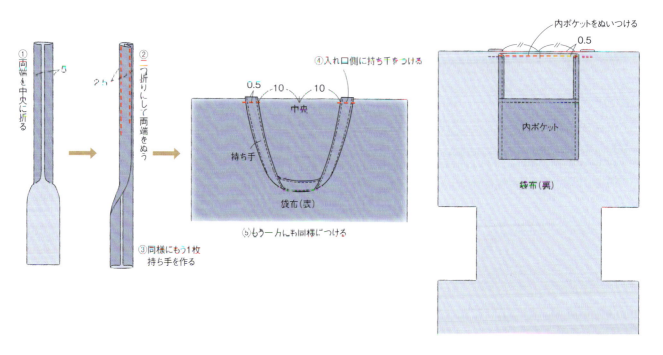

6. 袋布のわきとまちをぬう

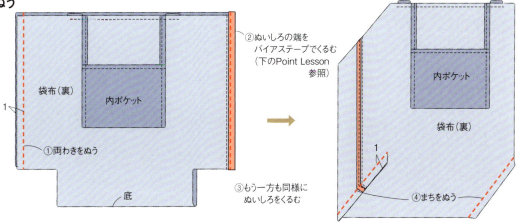

① 両わきをぬう
② ぬいしろの端をバイアステープでくるむ（下のPoint Lesson参照）
③ もう一方も同様にぬいしろをくるむ
④ まちをぬう

7. 口布と袋布のまちのぬいしろをバイアステープでくるむ

ぬいしろの端をバイアステープでくるむ（右のPoint Lesson参照）

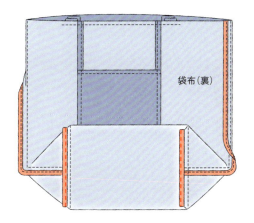

Point Lesson
ぬいしろをバイアステープで始末する方法

バイアステープで始末すると、ジグザグミシンで始末するよりひと手間かかりますが、見た目がきれいで、ワンランク上の仕上がりになります。

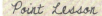

1. 始末するぬいしろの長さより両端1cm長めにバイアステープを重ね、バイアステープとぬいしろの端を合わせてバイアステープの折り線の上をぬっていく。

2. ぬいしろの端をバイアステープでくるみ、上端をぬう。

3. まちのみバイアステープの左右の端を内側に折り、ぬいとめる。

8. 袋布に口布をつけて、完成

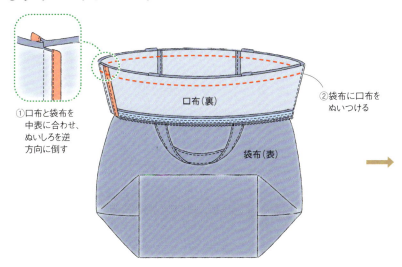

① 口布と袋布を中表に合わせ、ぬいしろを逆方向に倒す
② 袋布に口布をぬいつける

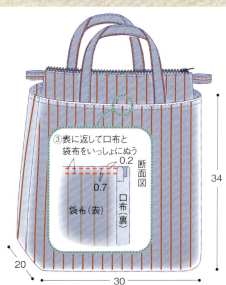

③ 表に返して口布と袋布をいっしょにぬう

断面図
0.2
0.7
34
20
30

Drum Bag

素材と大きさで印象が変わる
ドラム形バッグ

大きめのタイプのバッグは軽くて丈夫なナイロンキルトを使って、スポーツシーンに活躍するよう作りました。たっぷりと荷物が入るので旅行にもおすすめ。小さめのタイプのバッグは気軽に持てる大きさに。持ち手をつけずに小さく作ったポーチも紹介します。パイピングコードの縁どりは、デザインポイントになるうえ、バッグのカーブの形をきれいに見せます。

上は小わきにかかえて持てる便利な大きさのバッグ。作り方をマスターしたら、下のポーチも作ってみましょう。

■作り方ページ バッグ 93
　　　　　　　ポーチ 95

ナイロンキルトは、中に入れたものをクッションで守るうえ、防水性もあるのでスポーツ用バッグに最適。着替えやグッズまでたっぷり入ります。

■作り方ページ 93

ドラム形バッグ Drum Bag

材料

〈小〉布…コットンキルト（無地）70×70cm
　　その他…長さ33cmの両開きファスナー 1本、
　　幅2.5cmのナイロンテープ200cm、太さ0.5cmのパイピングコード120cm、
　　幅0.8cmの両折りタイプのバイアステープ120cm

〈大〉布…ナイロンキルト（プリント）100×90cm
　　その他…長さ50cmの両開きファスナー 1本、幅2cmの綿テープ20cm、
　　幅3cmのナイロンテープ240cm、太さ0.5cmのパイピングコード160cm、
　　幅0.8cmの両折りタイプのバイアステープ160cm、太さ0.3cmのひも24cm

※ファスナー、パイピングコードをつけるときには、
　ミシンの押え金をファスナー用にかえる

裁ち方図　単位:cm

（　）内はぬいしろ。指定以外は1cm
▼はノッチ(p.7参照)

※実物大型紙はp.97

袋布 1枚
サイド布 1枚 ×2
ポケット布 1枚
チャーム布4枚〈大〉のみ
サイドポケット布 1枚
タブ布2枚〈小〉のみ

小 70 / 大 90
小 70 / 大 100

※布を裁ったあと、すべての布端にジグザグミシンをかけておく (p.23「クライ・ムキPoint」参照)

製図

※実物大型紙はp.97

サイドポケット
半径 9 / 12
3.5 / 4

作り方 〈小〉〈大〉共通

1. ポケットと持ち手のテープをつける

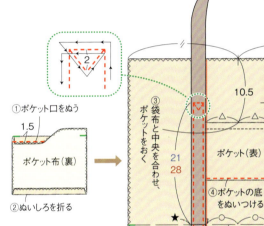

クライ・ムキPoint
カーブのぬいしろは入れ口を折ってつける

半円形ポケットは、下記の方法でぬいしろをつけます。紙にでき上がり線を描き、下の弧の部分にだけぬいしろ線を描きます。入れ口で折って弧に沿ってぬいしろ線を切ります。その後、入れ口の上にぬいしろをつけます。

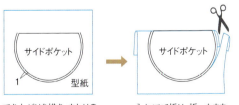

でき上がりを描き、まわりのぬいしろ1cmを描く

入れ口で折り、折ったまままわりのぬいしろ線で切る。紙を開いて入れ口の上1.5cmの位置にぬいしろ線を描く

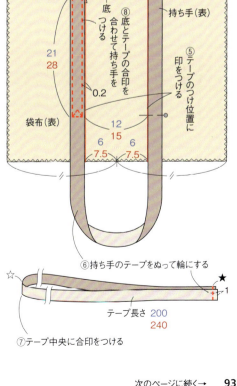

① ポケット口をぬう
② ぬいしろを折る
③ 袋布と中央を合わせ、ポケットをおく
④ ポケットの底をぬいつける
⑤ テープのつけ位置に印をつける
⑥ 持ち手のテープをぬって輪にする
⑦ テープ中央に合印をつける
⑧ 底とテープの合印を合わせて持ち手をつける

テープ長さ 200 / 240

次のページに続く→

2. ファスナーをつける

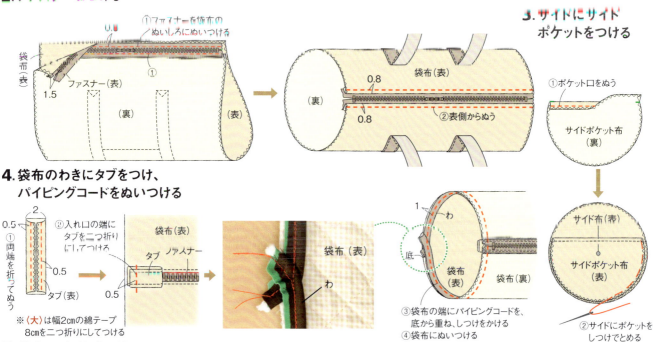

3. サイドにサイドポケットをつける

4. 袋布のわきにタブをつけ、パイピングコードをぬいつける

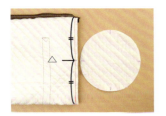

※〈大〉は幅2cmの綿テープ8cmを二つ折りにしてつける

5. 袋布にサイドをつける

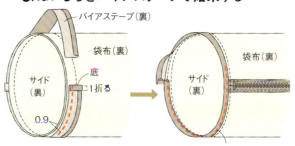

① ファスナーの中央と、袋布の底を2等分した位置に合印（△）を描く。※ここでは、わかりやすいよう、サイドのノッチの位置もチャコペンで描いている

② 袋布のわきとサイドの合印を合わせて、まち針またはソーイングクリップで数カ所とめる。

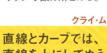

クライ・ムキPoint
直線とカーブでは、直線を上にしてぬう

袋布のような直線の端を、サイドのようにカーブした端とぬい合わせるときは、直線のパーツを上にしておいて、直線を見てぬうほうが、カーブを見ながらぬうよりも、ぬい目が曲がらず、きれいにぬえます。

③ 袋布側を上にして1cm内側の位置でぬう。ぬい始めとぬい終わりは3cmほどぬい目を重ねる。

6. ぬいしろをバイアステープで始末する

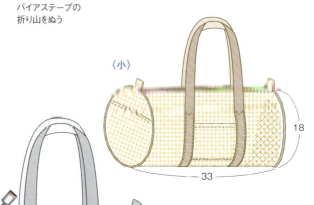

7. チャームを作って（〈大〉のみ）、完成

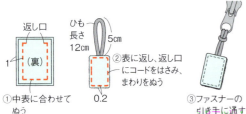

ドラム形バッグ ポーチ　Drum Bag

写真ページ **92**

材料
布…ラミネート加工地 70×40cm
その他…長さ20cmのファスナー1本、太さ0.3cmのパイピングコード60cm

裁ち方図　単位:cm
（　）内はぬいしろ。指定以外は1cm
▼はノッチ(p.7参照)
※実物大型紙はp.97
※ラミネート加工地は布端の始末をせずにぬう

作り方
1. パイピングコードを作る
下のPoint Lessonを参照してパイピングコードを作る
長さ28cmを2本

クライ・ムキPoint
袋布のわきのぬいしろに切り込みを入れる
ラミネート加工地は伸びないので、サイドとぬい合わせる前にわきのぬいしろに切り込みを入れておくとぬいやすくなります。
ぬいしろに0.5cmの切り込みを入れる

2. 袋布にファスナーをつけ、パイピングコード、タブ、サイドをぬいつけて完成

① ファスナーをつける（左ページの**2**参照）
② パイピングコードをつけ、タブを作り、ぬいつける（左ページの**4**参照）
③ サイドをつける（左ページの**5**参照）

Point Lesson

オリジナルのパイピングコードの作り方
市販品にない色や、好みの布でパイピングコードを作りたい場合に、市販のパイピングコードを利用して簡単にオリジナルが作れる方法を紹介します。

ファスナー用押さえ金

1. 使用する布はバイアスに裁断し、パイピングに必要な長さより多めに用意する。市販のパイピングコードも同じ長さで用意する。

2. 押さえ金をファスナー用に替え、バイアスに裁断した布で、市販のパイピングコードをくるみ、目打ちで押さえながらコードのきわをぬっていく。

3. ぬい終わったところ。

デザイン、製作、指導
クライ・ムキ

ソーイングデザイナー。本名、倉井美由紀。岩手県花巻市出身。女子美術大学短期大学部を卒業。著書120冊、全国に教室200店（トーカイKMソーイングスクール）を持つソーイング界のカリスマ。誰でも簡単にできるソーイングを提唱し、「らくらくパターン」を考案。雑誌、テレビ、セミナーなどで広く活躍中。最近はyoutubeでも注目を集める。
- ブログ　https://kurai-muki.lekumo.biz/blog/
- インスタグラム
https://www.instagram.com/kurai_muki/
- トーカイKMソーイングスクール
https://www.crafttown.jp/static/kuraimuki/

■STAFF

製作協力	田原千恵子　大坂香苗　湯本美江子　倉井軌行　倉井美世波
装丁・レイアウト	周玉慧
撮影（新規分）	松木潤（主婦の友社）
撮影（元本分）	柴田和宣（主婦の友社）
作り方図協力	吉本由美子　網田洋子　山本晶子
デジタルトレース	大森裕美子（tinyeggs studio）
校正	こめだ恭子
企画・編集	岡田範子
編集担当	森信千夏（主婦の友社）

■素材提供・協力

（★印の用具）

クライ・ムキ株式会社
〒151-0064 東京都渋谷区上原1-35-7 KUDO B.L.D
TEL.03-5738-9155
FAX.03-5738-9156

● 本書に掲載した一部の用具、作品の実物大型紙が下記、ウェブサイトより購入できます。
ネットショップ　https://shop-kurai-muki.ocnk.net/

● 本書作品の作り方が、下記より動画でご覧になれます。
https://www.youtube.com/user/kuraimuki

動画は左記の、QRコードを読みこむことでもご覧いただけます。

株式会社KAWAGUCHI
（布用ペンタイプのり）
〒103-0022　東京都中央区日本橋室町4-3-7
TEL.03-3241-2101
https://www.kwgc.co.jp/

クロバー株式会社
（目打ち、ソーイング用シリコン剤、ループ返し）
〒537-0025　大阪府大阪市東成区中道3-15-5
お客様係　TEL.06-6978-2277
https://clover.co.jp/

日本バイリーン株式会社
（F1テープ、シャープ芯、ノン・アイロンシート）
〒104-8423
東京都中央区築地5-6-4 浜離宮三井ビルディング
TEL.03-4546-1111
http://www.vilene.co.jp/

進化版 クライ・ムキのバッグ作りの超基本

令和元年 8月10日　第1刷発行
令和6年 3月10日　第6刷発行

著者　クライ・ムキ
発行者　平野健一
発行所　株式会社 主婦の友社
　　　〒141-0021
　　　東京都品川区上大崎3-1-1
　　　目黒セントラルスクエア
　　　電話 03-5280-7537（編集）
　　　　　03-5280-7551（販売）
印刷所　図書印刷株式会社

© KURAI MUKI 2019 Printed in Japan
ISBN978-4-07-437984-2

★本書に掲載されている作品を無断で複製し販売されることは固くお断りいたします。発見した場合は法的措置をとらせていただく場合があります。

Ⓡ〈日本複製権センター委託出版物〉
本書を無断で複写複製（電子化を含む）することは、著作権法上の例外を除き、禁じられています。本書をコピーされる場合は、事前に公益社団法人日本複製権センター（JRRC）の許諾を受けてください。
また本書を代行業者等の第三者に依頼してスキャンやデジタル化することは、たとえ個人や家庭内での利用であっても一切認められておりません。
JRRC〈https://jrrc.or.jp eメール：jrrc_info@jrrc.or.jp 電話：03-6809-1281〉

■本書の内容に関するお問い合わせ、また、印刷・製本など製造上の不良がございましたら、主婦の友社（電話 03-5280-7537）にご連絡ください。
■主婦の友社が発行する書籍・ムックのご注文は、お近くの書店か主婦の友社コールセンター（電話 0120-916-892）まで。
＊お問い合わせ受付時間 月〜金（祝日を除く）9:30〜17:30
主婦の友社ホームページ　https://shufunotomo.co.jp

※本書は『クライ・ムキ バッグ作りの超基本』（2011年2月発行・主婦の友社）に、新作品を加えた増補改訂版です。